管理会计
与会计信息化应用

郭智霞　夏志耕　赵宏伟　著

延边大学出版社

图书在版编目（CIP）数据

管理会计与会计信息化应用 / 郭智霞，夏志耕，赵
宏伟著. -- 延吉 ： 延边大学出版社，2023.8
　　ISBN 978-7-230-05433-1

　　Ⅰ. ①管… Ⅱ. ①郭… ②夏… ③赵… Ⅲ. ①管理会
计②会计信息－财务管理系统 Ⅳ. ①F234.3②F232

中国国家版本馆 CIP 数据核字(2023)第 168210 号

管理会计与会计信息化应用

著　　者：郭智霞　夏志耕　赵宏伟
责任编辑：胡巍洋
封面设计：文合文化
出版发行：延边大学出版社
社　　址：吉林省延吉市公园路 977 号　　　邮　编：133002
网　　址：http://www.ydcbs.com
E-mail：ydcbs@ydcbs.com
电　　话：0433-2732435　　　　　　　　传　真：0433-2732434
发行电话：0433-2733056
印　　刷：三河市嵩川印刷有限公司
开　　本：787 mm×1092 mm　1/16
印　　张：9.5　　　　　　　　　　　　字　数：185 千字
版　　次：2023 年 8 月　第 1 版
印　　次：2023 年 9 月　第 1 次印刷
ISBN 978-7-230-05433-1

定　　价：49.80 元

前　言

随着社会经济的飞速发展，我国的经济也由高速增长转向高质量发展。目前，我国经济的发展受大环境的影响，复杂多变，因此我国现在越来越重视管理会计。受大环境的影响，企业管理会计也逐渐进入企业管理的内部各项组织中，利用当前信息技术，帮助企业规划经营决策、规划经营过程、进行绩效评价等。

会计信息化给企业财务管理工作带来了巨大影响，有效提高了财务管理效率，推动了企业的发展。因此，企业有必要摒弃传统财务管理理念，强化财务风险管理，加强对企业财务人员会计信息化的培训，以此保障会计信息化的稳步推进，切实提升财务管理工作的效率，确保企业的可持续发展。

本书以管理会计与会计信息化应用为主要研究对象，立足实际，在阐述了管理会计概念的基础上，分析了会计信息化建设的迫切性和重要性，在详细地研究了会计信息化建设方法的同时，对会计信息系统的管理也进行了讨论，并深度探究了以投资管理和营运资金管理等为代表的会计信息化的具体应用。本书结构严谨、逻辑清晰，内容具有较强的理论性和实践性，立足现实，将理论与实际相结合，给相关从业者提供了一定的指导和帮助，对会计信息化的长足发展有促进作用。

本书在编写过程中参阅了相关的文献资料，在此谨向作者表示衷心的感谢。由于笔者水平有限，书中内容难免存在不妥、疏漏之处，敬请广大读者批评指正，以便进一步修订和完善。

目　　录

第一章 管理会计概述

第一节 管理会计的特点及形成和发展

管理会计就是成本管理会计的简称，是一个管理学名词。管理会计以现代科学管理为基础，作用是加强企业经营管理，提高企业经济效益。同时，管理会计运用多种技术和方法，对企业经营活动的各个环节进行规划、控制和评估，最终为企业管理提供一些决策信息。

一、管理会计的特点

（一）管理方式多样化

管理会计主要针对企业内部的经营模式，对内部管理模式存在的问题提出相应的改善措施。与社会上一般的财务会计不同，管理会计可以不受社会公认指导会计相关原则的限制。管理会计的管理内容相对宽泛，管理的方式也是多种多样。在管理企业内部活动的过程中，管理会计既可以对企业内部进行整体的经营管理，也可以对企业内部的区域局部进行经营管理。

（二）管理范围具有针对性

管理会计与其他会计的主要差异之处在于，管理会计是面向企业内部经营管理的服务。

（三）管理方法多用数学方法

管理会计为了能够始终朝着现代化的发展方向前进，在管理的过程中，运用了丰富的现代数学方法。在社会发展过程中，科学技术不断进步，企业生产经营的方式也变得越来越复杂。管理会计为了能够适应现代化企业的发展需求，在具体运用时吸收了运筹学与数理统计学中相关的科学数量方法，它通过运用简单的数学模型来展现复杂的业务活动，并运用数学方法对其进行加工处理，为企业提供了许多有效的数据，有利于企业管理层合理地经营企业及做出合理的决策。

二、管理会计的形成

（一）产生阶段

20 世纪初，受到工业革命的推动，企业生产力得到了进一步的提升，因此需要加强对企业成本的控制。为了适应不同企业的相应管理层的需求，管理会计应运而生。

1920 年以后，英国的经济、科技实力有所下降，其企业管理的优势被美国所取代。美国管理学家弗雷德里克·温斯洛·泰勒出版了《科学管理原理》一书，此书成为企业管理新时代的标志。本书的出版为企业管理提供了相应的理论指导。企业借助"成本"等新的会计管理理念，通过制定标准成本，分析预算控制与成本控制、成本账簿与成本预算的区别，提高成本管理与控制水平，使会计管理贯穿整个企业成本管理过程。这样就可以有效监控和控制企业各项经营活动。在这个过程中，将不同的数学知识和数理统计方法相结合，并应用到会计管理方法体系中。

（二）形成阶段

20 世纪 40 年代中期，随着社会生产力的迅速发展，企业规模日益扩大，世界各地涌现出各种大企业，国内外企业间的竞争愈加激烈。鉴于这种情况，企业逐渐改变了经营管理的方向。企业要提高市场竞争力，必须不断提高管理水平，大力发展市场。在企业管理过程中，需要实施职能管理和行为科学管理，通过激发员工的积极性及对市场调研的重视，制定应对市场变化的适当措施，加强对市场决策的科学预测，逐步建立起一套考核及评估的决策管理会计控制体系。因此，在此期间，企业实施了现代科学的内部管理,现代管理科学理论也应运而生,它提高了企业管理水平,促进了会计学科的发展。管理会计产生后,传统会计逐渐分为管理会计与财务会计两个独立的体系。现代管理科学为现代管理会计的产生和发展提供了理论依据,使管理会计有了科学的管理技术与管理方法。

三、管理会计的发展

20 世纪 70 年代,美国成立了管理会计师协会,专门创立了管理会计期刊,逐渐将管理会计的教科书搬上讲台,管理会计和财务会计之间的差异越来越明显。20 世纪 80 年代,在巴黎召开了管理会计人员联会,此后,我国引入了管理会计。1979 年,我国出版了第一本有关管理会计的图书。同年,厦门大学引入了"管理会计"这门学科,并且为该学科进行了专门的课堂教学设计,促进了管理会计的研究与发展。

20 世纪 80 年代后,世界经济逐步走向一体化和全球化,世界各国之间的竞争日趋激烈。为了适应当前社会经济的发展及科学技术的变革,管理会计有了新的发展,各学科相互影响,行为会计、作业会计、战略管理会计、国际管理会计等相继出现。美国著名的战略管理科学家赫伯特·西蒙在会计管理发展的这一阶段注重环境适应性的战略管理会计发展。他在 1981 年最早提出战略管理会计,认为战略管理分析应该关注企业和竞争对手之间的比较,比较的主要内容是企业的市场份额对比、行业对比、价格对比、成本对比;战略管理分析还要研究企业的投资决策、成本管理和绩效评估等。企业要想开拓新的领域,就要不断地更新现代管理会计的理论研究方法,不断丰富管理会计的管理方法,广泛应用数量经济分析、数理统计推理、风险管理和现代决策论等方式。另外,还应促进现代管理会计的信息化,重视计算机技术在管理会计中的运用,促进管理会计的可持续发展。

随着生产力的不断进步,社会经济的迅速发展,科学技术的更新速度越来越快,这样的大环境有利于现代管理会计的更新。管理会计的产生与发展是时代前进的必然结果,随着现代社会化大生产的发展和商品经济的发展,管理会计在现代企业管理中发挥的作用越来越重要。

第二节 管理会计的程序和功能

一、管理会计的一般程序

管理会计服务于企业管理。因此，要明确管理会计的一般程序，首先要明确企业的管理程序。

（一）企业管理周期

在企业管理中，管理过程往往分为"计划"和"控制"两部分，每一部分又可以分为几个阶段，这些阶段是重复的，因此也称为"企业管理周期"。它主要包括以下六个阶段：

1.情况评估

管理的重要任务之一就是准确分析和评价企业的内外部环境，充分了解企业的基本经营状况。只有科学、准确地了解企业的环境特征，才能制定合适的企业目标和战略。

2.形成决策

根据环境评估结果，科学确定企业的经营目标、经营方针和具体措施，是企业经营管理的基本环节。

3.合理组织

根据既定的经营目标，合理、有效地组织企业的人力、物力、财力等资源及其他相关的供应、生产、贸易、运输等生产经营活动，以最低的资金消耗获得最大的经济效益。

4.实施

按照组织的经营目标、经营计划和合理要求开展各项经营活动。

5.监督指导

根据业务目标和业务计划，跟踪和监控实施情况，并在出现问题时立即采取行动，以确保实现预期目标。

6.绩效评估

绩效评估是指评估每个业务单元和部门的业务成果，考虑业务的执行情况和业务执行的效率，以此来制定业务计划。绩效评估的结果与下一轮"考核"挂钩，为企业下一阶段目标、计划和措施的制定和审核奠定基础。

（二）管理会计周期

管理会计是会计与管理相结合的产物，直接为企业管理服务。因此，企业管理的一般程序和步骤需要管理会计的配合。

1.财务报表分析

根据公认会计原则，财务报表使用标准化和统一的语言来反映企业在特定时期内的财务状况、财务业绩和现金流量，并估计企业经济业绩的历史信息。企业以集中、客观的方式记录这些信息，不仅满足了外部报告用户了解企业业务和财务状况的需要，而且有助于业务经理对整个企业进行分析和评估。

2.综合预测、决策和预算

企业管理面对着日常生产经营决策和长期投资决策，管理会计可以帮助企业决策者使用不同的方法来预测和分析决策，从各种备选方案中选出最佳的方案。它包括完整的预算和准备过程，并以报告的形式反映预测和决策。

3.建立责任会计制度

根据企业的特点和性质，按照权利义务相结合、内部激励与外部激励相结合、责任分工明确的原则，建立责任会计制度，并按照财务标准来评估负责实体的绩效。

4.生成定期绩效报告

应用标准成本核算系统和可变成本核算方法来跟踪、衡量和记录总体预算及问责预算的绩效，并生成定期绩效报告。

5.规范经济活动

将每个负责机构编制的损益表中建议的实际金额与预算进行比较。如果偏离了原目标和要求,必须立即通知有关部门,并对其经济活动进行调整和控制。

6.分析差异

根据绩效陈述,找出产生偏差的原因,并用它来评价各责任组织的绩效;在分析的基础上,指出组织的成就和存在的问题。同时,结合对后续财务报表的分析,向管理团队提出改进建议,并将其作为未来预测、决策和预算分析的依据。

二、管理会计的功能

管理的核心是业务,业务的核心是决策,决策的关键是期望。销售费用、利润和企业资金的合理规划不仅有助于管理层做出业务决策,还能提高企业的经济效益。

(一)科学规划

市场经济在资源配置中发挥着重要作用。管理会计的正确运用将有助于推动企业科学规划未来。

(二)合理利用经济资源

使用现代数学和定性方法的管理会计在许多企业的管理和经济利益中起着非常重要的作用。管理会计师可以根据不同产品的现状灵活选择最有效的方法,向设计和研发人员提供成本信息并及时反馈信息,从而合理高效利用经济资源。

(三)调动员工积极性

管理会计重视员工的工作状态,注意调动员工的积极性,鼓励和引导员工充分发挥主观能动性,参与生产活动。另外,管理会计能促使国家的商业制度向现代化发展,确保其健全性,从而促进社会的可持续发展。

(四)管理会计控制系统

"一个目标,两个系统"的概念强调了管理会计控制系统的功能。管理会计控制系统在企业管理中的作用体现在各个专门委员会中,如薪酬委员会、审计委员会、风险管理委员会、预算管理委员会等。

第三节 管理会计的理论基础

一、管理会计基本理论

会计是生产管理的衍生物。人类需要对资产进行管理，所以会计诞生了。会计实践有着悠久的历史，但人们从未有过完整的会计理论方法。会计理论的研究只有几十年的历史。近半个世纪以来，以财务会计为重点的理论研究专著和文章一直是西方会计理论研究的重点。有人认为会计理论是会计原则的核心。管理会计属于专业知识的应用，其被认为不是一个独立的理论研究领域。然而，几十年来，管理会计一直是与传统的成本会计分开的。由于管理会计的出现是为了适应资本家扩大生产和发展的需要，所以管理会计具有实际应用价值和灵活性，具有事后检查、不断反思和监督的功能。例如，我国许多中型企业通过应用一些专门的管理会计方法，已经能够改善经营效果，增加经济效益。现实证明，管理会计需要科学的理论来支持管理会计的实践，否则，管理会计形式和方法的应用将不会在大型企业中发挥积极有效的作用。管理会计方法背后的"哲学"是管理会计的基本理论思想，对所有管理会计实务中所包含的各种方法和思想进行总结、组织、改进和升华的完整体系是管理会计的基础理论。管理会计理论的重要性体现在它的实际应用价值和灵活的适应性上，能够提供及时有效的服务，提高企业管理效率。

二、管理会计在理论研究中呈现的不足

（一）管理会计在理论定位上存在一定的模糊性

到目前为止，管理会计是研究会计问题还是业务多元化管理问题尚不明确。在西方国家，管理会计不是会计问题，而是管理问题。回顾1980—1994年西方管理会计研究，可知管理会计的目的是获得竞争优势，其功能是成本和绩效管理。从那时起，管理会计

就专注于成本管理和运营效率的提高。企业要结合自己的竞争环境，拓展管理会计的范围，为不同的管理和决策活动提供管理会计服务。会计和非会计部门可以使用它为他们的业务创造有价值的服务。这些研究强调了管理会计必须依靠财务会计和财务管理信息才能发挥作用。例如，内部报告的类型，财务会计和财务管理之间的分工调整方式等都是相关的。该功能分为三部分，即预测决策会计、计划管理会计和负债会计。从这个角度来看，管理会计不仅是一个会计问题，也是一个企业的定位问题。

（二）管理会计的理论研究缺乏面向高层次管理的理论成果

财务会计理论随着时代的进步而不断变化。我国企业会计准则多次更新，会计理论在不同时期指导着不同的会计实践。然而，直到现在，管理会计理论的发展也没有明显的时代痕迹，也没有体现出不同时代理论与管理需要相结合的要求。从管理会计的出现到现在，企业管理的深入发展并没有停止，需要解决的问题也越来越多。管理会计理论分为适用于低层管理的理论、适用于中层管理的理论和适用于高层管理的理论。但由于管理会计的定位不明确，研究的理论范围相对较广，除了调查低端的管理问题，还包括调查高层次和管理难点的问题，所以对高层管理问题的研究还不够深入。在分析技术特别是大数据技术出现之前，对高层管理问题的研究仍然难以有效深入地开展。因此，管理会计的理论研究缺乏面向高层次管理的理论成果。

（三）已有理论研究中常规性管理问题居多，决策管理研究偏少

在现有的管理会计理论中，对常规管理问题的研究成果有很多，但关于如何支持大型项目决策的研究较少，对会计的专门研究也较少。在当今企业管理中，新产品研发、新市场开发、企业并购、债务重组、对外投资等大型项目的决策问题日益增多。这些项目决策的合理性关系到企业短期和长期的财务安全，因此这些决策需要管理会计来提供过程信息和支持。但是，每个项目决策所需要的信息是不同的。例如，企业的新产品开发决策和并购决策所需的信息支持就大不相同。此外，所有项目决策都需要评估各种问题，包括经济合理性、技术和财务风险的可控性、企业核心竞争力等，所有重大项目决策都是全局决策，问题也是相对的。管理会计指导着决策，提供了一种从理论上对不同决策进行分类、获取和总结支持每种类型决策所需的信息及各种信息实践的集合。

三、管理会计的理论框架和特征

（一）管理会计的理论框架

1. 理论框架的构建

传统的管理会计理论上是不科学的，不能有效管理不同的内容。在当今时代背景下，各种商业组织经历了从传统垂直一体化结构到扁平化结构的重大转变，这对管理会计理论提出了更高的要求。目前，企业可以从技术标准、品牌层面、供应链三个方面共同进行管理会计研究活动。在各种信息技术的影响下，需要以管理会计业务集群的管理控制系统为中心，制定与未来发展相关的发展规划。

2.精确实现目标定位

事实上，因为管理会计有特定的目的，所以在开发过程中需要能够结合实际应用的目标来实现定位功能，这一定位主要针对企业的发展战略。在这个过程中，管理会计的目标应该能够随着整体外部环境的变化而变化。管理会计只需要调整各种要素就可以创造更大的价值，从战略高度做好各种经济和非经济资源的整合。同时，管理会计在目标定位过程中要关注生态文明，以实现企业经济与生态环境的融合发展。

（二）管理会计理论的形成特征

实际上，管理会计理论的形成与企业的各种生产实践密不可分。目前，管理会计正朝着多个方向发展。今后在完善管理会计理论的过程中，应重点调整股东价值与利益相关者价值的关系，保持平衡的发展战略，协调多方利益。鉴于管理会计的目标要求，需要深入研究应用对象的各种内部需求，并努力从各个管理环节中找到一些潜在的联系。

第四节 管理会计的作用和应用原则

管理会计是一种知识，包括许多与企业经营方向和方式有关的因素。管理过程必须灵活，不能一成不变；必须适应社会经济发展的变化，适应市场发展趋势，满足市场的基本要求。管理会计的发展具有独特的特点，这与"中国特色"密切相关。管理会计符合我国市场经济发展的需要，对企业的经济利益有较大的影响。

一、管理会计的作用

管理会计是企业经营活动中不可或缺的一部分，对企业的发展非常重要。我国的管理会计基于"中国特色"，符合具有中国特色的社会主义市场经济发展规律。在市场经济中，管理会计跟随发展的浪潮，推动企业生产经营方式的优化协调，使之更加科学合理，为企业的长远发展做出贡献。管理会计具有一定的复杂性，主要包括统计学、运筹学、管理学和市场营销等相关知识理论。有了这些理论知识，企业可以最大限度地发挥我国社会主义市场经济的竞争优势，提高工作和生产效率，增加利润。

二、管理会计的应用原则

企业在追求经济效益和提高劳动生产率的同时，必须积极开展生产经营活动，制定相应的销售计划，以在经营过程中获得效益，这是管理会计必须遵守的基本原则。我国独特的市场经济体制要求管理会计在生产过程中要加强计划管理。将强制性计划与指导性计划紧密联系起来，将宏观经济效益与微观经济效益结合起来。管理会计可以使企业的生产经营活动更加严谨、高效。当企业各部分的生产方向偏离企业整体发展轨道时，可以迅速纠正，协调整体利益，及时了解国际经济状况，适当调整投资计划的期限和额度。另外，管理会计的应用应以完整、清晰的会计信息为依据，采取稳健性原则。随着企业债务的增长，企业在经营过程中必须谨慎经营，防止失误造成严重经济损失，定期对企业各部门进行考核，明确各部门管理人员的职责。在加强企业人员培训的同时，要动员群众参与管理会计工作。

第二章 会计信息化概述

第一节 会计信息化及其相关概念概述

一、会计电算化

（一）会计电算化的概念

会计是为了提高企业（单位）经济效益，加强企业（单位）经济管理而在企业（单位）范围内建立的一个以提供财务信息为主的经济信息系统。过去，人们利用纸、笔、算盘等工具开展会计工作；现在，随着科学技术的发展，人们利用电子计算机开展会计工作，促进了会计工作的电算化。

会计电算化，是"电子计算机在会计中的应用"的简称。"会计电算化"一词是由中华人民共和国财政部和中国会计学会于 1981 年 8 月在长春市召开的"财务、会计、成本应用电子计算机专题讨论会"上正式提出的。国内有学者又将会计电算化称为"电算化会计""计算机会计"，国外有学者称其为"电算化会计信息系统"。

会计电算化的含义有狭义和广义之分。狭义的会计电算化是指以电子计算机为主体的电子信息技术在会计工作中的应用；广义的会计电算化是指与实现电算化有关的所有工作，包括会计软件的开发与应用、会计软件市场的培育与发展、会计电算化人才的培训、会计电算化的宏观规划和管理、会计电算化制度建设等。

（二）会计电算化的特征

与手工会计工作相比，会计电算化具有以下特征：

1.人机结合

在会计电算化方式下，会计人员在填制电子会计凭证并审核后，执行"记账"功能，计算机再根据程序和指令，在极短的时间内自动完成会计数据的分类、汇总、计算、传递及报告等工作。

2.会计核算自动化、集中化

过去，试算平衡、登记账簿等依靠人工完成的工作，在会计电算化方式下，都由计算机自动完成，大大减轻了会计人员的工作负担，提高了工作效率。计算机网络在会计电算化中的广泛应用，使得企业可以将分散的数据统一汇总到会计软件中进行集中处理，既提高了数据汇总的速度，又增强了企业集中管控的能力。

3.数据处理及时准确

利用计算机处理会计数据，可以在短时间内完成对会计数据的分类、汇总、计算、传递和报告等工作，使会计处理流程更为简便，核算结果更为精确。此外，在会计电算化方式下，会计软件运用合适的处理程序和逻辑控制，能够避免在手工处理方式中出现的一些错误。以"记账"处理为例，记账是计算机自动将记账凭证中的数据登记到总账、明细账、日记账等相关账户上，账户的数据都来自记账凭证文件，记账只是"数据搬家"，记账过程中不会出现数据转抄错误，因此会计电算化方式下的"记账"处理不需要进行账证核对、账账核对。

4.内部控制多样化

在会计电算化方式下，与会计工作相关的内部控制制度也将发生明显变化，内部控制由过去的纯粹人工控制发展成为人工与计算机相结合的控制方式。内部控制的内容更加丰富，范围更加广泛，要求更加明确，实施更加有效。

（三）会计电算化的产生和发展

1.会计电算化的产生

1954 年，美国通用电气公司运用计算机进行工资数据的计算处理，揭开了人类利用计算机进行会计数据处理的序幕。1979 年，我国在长春第一汽车制造厂进行首次在会计工作中应用计算机的试点工作。

2.会计电算化的发展

依据的划分标准不同，会计电算化划分的发展阶段亦不同。下面以会计软件的发展应用为参照，介绍会计电算化的发展过程。

（1）模拟手工记账的探索起步阶段

我国的会计电算化是 20 世纪 80 年代起步的，当时的会计电算化工作主要处于实验试点和理论研究阶段，这一阶段的主要内容是利用计算机代替手工处理大量数据，实质是将电子计算机作为一个高级的计算工具应用于会计领域。

此阶段主要实现了会计核算电算化，是会计电算化的初级阶段。利用计算机模拟手工记账，不仅能模拟手工环境的会计循环，还能模拟手工环境的数据输出形式。但这个阶段，计算机只能完成单项会计核算任务，不能实现信息共享。

（2）与其他业务结合的推广发展阶段

进入 20 世纪 90 年代后，企业开始将单项会计核算业务整合、扩展为全面电算化。企业引入了更多的会计核算子系统，形成了一套完整的会计核算软件系统，包括账务处理子系统、报表处理子系统、往来管理子系统、工资核算子系统、固定资产核算子系统、材料核算子系统、成本核算子系统、销售核算子系统等。企业积极对传统会计组织和业务处理流程进行调整，不仅实现了企业内部以会计核算系统为核心的信息集成化，还实现了会计信息和业务信息的一体化，并在两者之间实现无缝联合。

（3）引入会计专业判断的渗透融合阶段

我国顺应新形势的要求，于 2006 年 2 月建立了与国际准则趋同的企业会计准则体系。该体系引入了会计专业判断，同时审慎地引入了公允价值等计量基础，对会计电算化工作提出了新的要求。企业和会计软件开发商紧密围绕会计准则和会计制度，通过对会计电算化工作的不断调整和融合，逐步完成从单机应用向局域网应用的转变，尝试建立以会计电算化为核心的管理信息系统。

此阶段是会计电算化发展的高级阶段，目的是实现会计管理的电算化。在会计核算电算化的基础上，这一阶段的会计管理信息系统能够结合其他数据和信息，借助决策支持系统的理论和方法，帮助决策者制订科学的决策方案。

（4）与内部控制相结合，建立 ERP 系统的集成管理阶段

2008 年 6 月，中华人民共和国财政部（以下简称"财政部"）、中华人民共和国审计署（以下简称"审计署"）、中国银行保险监督管理委员会（以下简称"银保监会"）、中国证券监督管理委员会（以下简称"证监会"）、国务院国有资产监督管理委员会（以下

简称"国资委")等部委联合发布了《企业内部控制基本规范》，标志着我国企业内部控制建设取得了更大的突破和阶段性的成果，是我国企业内部控制建设的一个重要里程碑。内部控制分为内部会计控制和内部管理控制。内部会计控制是指企业为了提高会计信息质量，保护资产安全完整，确保有关法律法规和规章制度可以有效执行而制定和实施的一系列控制方法、措施和程序。

随着现代企业制度的建立和内部管理的现代化，单纯依靠会计控制已难以应对企业出现的内、外部风险，会计控制必须向全面控制发展。传统的会计软件已不能完全满足企业会计信息化的要求，需逐步向与内部控制相结合的 ERP（Enterprise Resource Planning，企业资源计划）系统的方向发展。

与内部控制相结合的 ERP 系统的集成管理，实现了会计管理和会计工作的信息化。目前，这一阶段还在持续，并且取得了令人瞩目的成果。有的大型企业通过与内部控制相结合的 ERP 系统成功地将全部报表编制工作集中到总部一级。

二、会计信息化

从会计电算化的发展过程可以看出，会计软件的功能越来越强大，由最初的核算功能逐渐向管理功能、决策功能发展，实现了财务业务一体化处理，进而实现了与内部控制的高度融合，工作重点也由会计核算转向会计管理。伴随着电子商务的飞速发展，会计的一些方法和技术也发生了变化，这些变化的内容都超出了会计电算化的内涵，且与当今信息化环境紧密相关。1999 年 4 月，在深圳召开的"会计信息化理论专家座谈会"上，与会专家提出了"会计信息化"这一名词。之后，我国非常重视会计信息化建设。2009 年 4 月 12 日，财政部印发了《财政部关于全面推进我国会计信息化工作的指导意见》；2013 年 12 月 6 日，财政部印发了《企业会计信息化工作规范》。这些文件提出了要促进会计信息化建设，并对企业开展会计信息化作出了具体规定。

会计信息化，是指企业利用网络通信等现代信息技术手段开展会计核算，并将会计核算与其他经营管理活动有机结合的过程。

三、会计信息系统

（一）会计信息系统的概念

会计信息系统（Accounting Information System, AIS）是指利用信息技术对会计数据进行采集、存储和处理，完成会计核算任务，并提供与会计管理、分析和决策等相关的会计信息的系统。

（二）会计信息系统的构成要素

会计信息系统是人机结合的系统，该系统由计算机硬件、计算机软件、人员和会计规范等基本要素组成。

1.计算机硬件

计算机硬件是指进行会计数据输入、处理、存储及输出的各种电子设备。输入设备有键盘、鼠标、光电扫描仪、条形码扫描仪、POS（Point of sales，销售点情报管理系统）机、语音输入设备等；处理设备有计算机主机；存储设备包括内存储器和外存储器，其中内存储器包括随机存储器和只读存储器，外存储器包括硬盘、U 盘、光盘等；输出设备有显示器、打印机等。网卡、网线、数据交换机等电子设备也属于计算机硬件。

2.计算机软件

计算机软件包括系统软件和应用软件。系统软件是用来控制计算机运行，管理计算机的各种资源，并为应用软件的运行提供支持和服务的软件。系统软件是计算机系统必备的软件，如 Windows 操作系统、数据库管理系统，是保证会计信息系统正常运行的基础软件。应用软件是在硬件和系统软件的支持下，为解决各类具体应用问题而编制的软件，如 Microsoft Office 软件、会计软件等。会计软件是专门用于会计核算与会计管理的软件，没有会计软件的计算机系统就不能称为会计信息系统。

3.人员

人员是指使用和管理会计信息系统的人员，包括会计主管、系统开发人员、系统维护人员、软件操作人员等。人员是会计信息系统中的一个重要因素，如果没有一支高水平、高素质的会计信息系统的使用和管理队伍，那么即使计算机硬件、系统软件、会计软件再好，整个系统也难以稳定、正常地运行。

4.会计规范

会计规范是指保证会计信息系统正常运行的各种法律、法规及单位规章制度。如《中华人民共和国会计法》《企业会计准则》及单位内部制定的硬件管理制度、内部控制制度等。

四、会计软件

（一）会计软件的概念

会计软件是指企业使用的专门用于会计核算、财务管理的计算机软件系统或者功能模块，包括指挥计算机进行会计核算与管理工作的程序、存储数据和有关资料的程序等。例如，会计软件中的总账模块，不仅包括指挥计算机进行账务处理的程序和基本数据（如会计科目、凭证等），还包括软件使用手册等有关技术资料。

（二）会计软件的功能

第一，为会计核算、财务管理直接采集数据。

第二，生成会计凭证、账簿、报表等会计资料。

第三，对会计资料进行转换、输出、分析和利用。

（三）会计软件的分类

1.按适用范围分类

按适用范围，会计软件可分为通用会计软件和专用会计软件。通用会计软件是指软件公司为会计工作专门设计开发的、并以产品形式投入市场的应用软件。专用会计软件是指专门供某一单位使用的会计软件。

2.按会计信息共享程度分类

按会计信息共享程度，会计软件可分为单用户会计软件网络与多用户会计软件。单用户会计软件是指安装在一台或几台计算机上，单独运行，生成的会计数据也不能在计算机之间进行交换和共享的会计软件。网络与多用户会计软件是指在不同工作站或终端上的会计人员可以共享会计信息，通过各用户之间的资料共享，保证资料一致性的会计软件。

3.按功能和管理层次的高低分类

按功能和管理层次的高低，会计软件可分为核算型会计软件、管理型会计软件和决策型会计软件。核算型会计软件是指主要用于日常业务核算的会计软件，具备账务处理、薪资核算、固定资产核算、应收（付）款核算、报表编制等功能，会计核算功能是会计软件最基本的功能。管理型会计软件是在核算型会计软件的基础上发展起来的，除了具备会计核算功能，还具备会计管理控制功能。决策型会计软件是在管理型会计软件的基础上发展起来的，具备预测、决策等功能。

五、ERP 的概念

ERP 是企业资源计划的简称，是指利用信息技术，将企业内部所有资源整合在一起，对开发设计、采购、生产、成本、库存、分销、运输、财务、人力资源、品质管理进行规划，对企业的物质资源（物流）、人力资源（人流）、财务资源（财流）和信息资源（信息流）等资源进行一体化管理（即"四流一体化"或"四流合一"），同时将企业与外部的供应商、客户等市场要素有机结合的管理平台。其核心思想是供应链管理，强调对整个供应链进行有效管理，以提高企业配置和使用资源的效率。

ERP 是由美国著名咨询管理公司 Gartner Group（高德纳集团公司）于 1990 年提出的，最初被定义为应用软件。提出之后，很快就被全世界商业企业所接受，现已经发展成为现代企业管理理论之一。

在功能层次上，ERP 除了最核心的财务、分销和生产管理等功能以外，还集成了人力资源、质量管理、决策支持等其他企业管理功能。会计信息系统已经成为 ERP 系统的一个子系统。

六、XBRL 的作用、优势和发展历程

（一）XBRL 的概念

XBRL 是可扩展商业报告语言（eXtensible Business Reporting Language）的简称，

是一种基于可扩展标记语言（eXtensible Markup Language）的开放性业务报告技术标准。

XBRL 是以互联网和跨平台操作作为基础的，专门用于财务报告编制、披露和使用的计算机语言。它基本实现了数据的集成与最大化利用及资料共享，是国际上将会计准则与计算机语言相结合的，用于非结构化数据，尤其是财务信息交换的最新公认标准和技术。数据通过特定的识别和分类，可直接被使用者或其他软件读取，并进行进一步的处理，实现一次录入多次使用。

（二）XBRL 的作用与优势

XBRL 的作用主要在于将财务和商业数据电子化，促进财务和商业信息的显示、分析和传递。XBRL 通过定义统一的数据格式标准，规定了企业报告信息的表达方法。会计信息生产者和使用者可以通过 XBRL 在互联网上处理各种信息，并将信息迅速转化成各种形式的文件。

企业应用 XBRL 的优势主要表现在以下几个方面：

①能够提供更精确的财务报告与更具有可信度和相关性的信息。

②能够降低数据采集成本，提高数据流转及交换效率。

③能够帮助数据使用者更快捷方便地调用、读取和分析数据。

④能够使财务数据具有更广泛的可比性。

⑤能够增加资料在未来的可读性与可维护性。

⑥能够适应变化的会计准则的要求。

（三）我国 XBRL 的发展历程

我国 XBRL 的发展始于证券领域。2003 年 11 月，上海证券交易所在全国率先实施了基于 XBRL 的上市公司信息披露标准；2005 年 1 月，深圳证券交易所颁布了 1.0 版本的 XBRL 报送系统；2005 年 4 月和 2006 年 3 月，上海证券交易所和深圳证券交易所先后加入了 XBRL 国际组织。此后，我国的 XBRL 组织机构和规范标准日趋完善。

2008 年 11 月，财政部牵头，联合银保监会、证监会、国资委、审计署、中国人民银行、国家税务总局等部门成立了中国会计信息化委员会暨 XBRL 中国地区组织。2009 年 4 月，财政部在《关于全面推进我国会计信息化工作的指导意见》中将 XBRL 纳入会计信息化的标准。2010 年 10 月 19 日，国家标准化管理委员会和财政部联合颁布了可扩展商业报告语言（XBRL）技术规范和企业会计准则通用分类标准，成为我国 XBRL 发展历程中的一个重要里程碑，表明 XBRL 在我国的各项应用中有了统一的架构和技术标准。

2020 年，为反映企业会计准则的变化，满足企业会计准则通用分类标准（以下简称"通用分类标准"）实施工作的需要，财政部对 2015 版通用分类标准进行了修订。

第二节 信息化工作的组织与规划

会计信息化是会计工作的发展方向。我国大中型企事业单位和县级以上国家机关都应积极地创造条件，尽早实现会计信息化。实施会计信息化是促进企事业单位会计基础工作规范化、提高经济效益的重要手段和有效措施，是企事业单位建立现代企业管理制度和提高会计工作质量的一项重要工作。

会计信息化是一项系统工程，涉及单位内部的各个方面。一方面，各单位负责人或总会计师应当亲自组织、领导会计信息化工作，主持拟定本单位会计信息化工作规划，并协调单位内部各部门间的关系，共同做好会计信息化工作；另一方面，各单位的财务会计部门是会计信息化工作的主要承担者，应该在单位各部门的配合下，负责和承担会计信息化的具体组织与实施工作，负责提出实现本单位会计信息化的具体方案。

与传统的手工会计信息处理不同，会计信息系统不仅包含原手工会计处理的一些操作手段和工作过程，还涉及电子计算机系统的应用与维护。因此，会计信息系统的组织除了要建立进行一般会计处理的机构，还要组织技术力量对计算机系统进行管理和维护。会计信息系统的应用改变了传统的工作形式。

一、电子计算机系统和会计软件的配置

电子计算机系统和会计软件是实现会计信息化的重要物质基础。与本单位会计信息化工作规划相适应的计算机机种、机型和系统软件以及有关配套设备，是会计信息化工作顺利实施的基本保证。

具备一定硬件基础和技术力量的单位，可以充分利用现有的计算机设备建立计算机网络，以实现信息资源共享和会计数据的实时处理。由于财务会计部门处理的数据量大，对数据结构和处理方法要求严格，对系统安全性要求高，所以各单位用于会计信息化工作的电子计算机设备应由财务会计部门管理。若硬件设备较多，应给财务会计部门设立单独的计算机室。

配备会计应用软件是会计信息化的基础工作，会计应用软件的优劣对会计信息化工作的成败起着关键性作用。配备的会计应用软件，主要有通用会计软件、定点开发会计软件，或者通用会计软件与定点开发会计软件相结合。

各单位在开展会计信息化工作的初期应尽量选择通用会计软件。通用会计软件投资少、见效快，在软件开发或者技术服务单位的协助下易于成功。各单位选择通用会计软件时应注意软件的合法性、安全性、正确性和可扩充性，确认软件的功能是否可以满足本单位会计工作的需要，并考虑到今后工作发展的要求。

定点开发会计软件有本单位自行开发、委托其他单位开发和联合开发等形式。大中型企事业单位一般都对会计业务有特殊要求，这些单位在取得一定的会计信息化工作经验以后，可以根据现实工作的需要，以定点开发的形式开发会计软件，也可以选择用于大中型企事业单位和集团公司的集成化商品会计软件。

在会计信息化工作逐渐变得复杂后，若通用会计软件不能完全满足本单位的特殊要求，相关单位就可采取通用会计软件与定点开发会计软件相结合的方式开发会计软件，但在应用过程中要对通用会计软件进行二次开发，以确保投资的效率和会计数据资源可以充分利用。

二、代替手工记账

代替手工记账是会计信息化的目标之一。采用电子计算机代替手工记账，是指应用会计核算软件输入会计数据，由电子计算机对数据进行处理，并打印输出会计账簿和报表。用会计信息系统代替手工记账的单位应满足以下条件：配备了实用的会计软件和相应的计算机硬件设备，配备了相应的会计信息化工作人员，建立了严格的内部管理制度。

财政部门规定：在用会计信息系统代替手工记账之前，会计信息系统与手工记账应并行工作 2 个月以上（一般不超过 6 个月），并且两者核算的数据要一致，同时相关工作应接受有关部门的监督。

代替手工记账的过程是会计工作从手工核算向电算化核算的过渡阶段。由于计算机系统与手工记账并行工作，会计人员的工作强度较大，所以相关单位必须重视用会计信息系统代替手工记账的工作。

会计信息系统代替手工记账失败的原因主要有数据准备不充分、会计工作人员技术准备与心理准备不足、单位领导缺乏现代管理意识等。系统转换一旦出现差错，就会对下一步的工作产生很大影响，甚至引起人们对会计信息化工作的怀疑。

会计信息化工作与手工核算的业务内容基本相同，但存储在计算机系统内的会计数据的打印输出和保存是代替手工记账的重要工作。根据会计信息化的特点，相关单位在进行会计信息化时应注意以下几个问题：

第一，会计信息系统打印输出的书面会计凭证、账簿、报表应当符合国家统一会计制度的要求，采用中文或中外文对照。会计档案的保存期限按《会计档案管理办法》的规定执行。

第二，在当期所有记账凭证数据和明细分类账数据都保存在计算机内部的情况下，总分类账可以从这些数据中产生，因此当期总分类账可以用"总分类账户本期发生额及余额对照表"代替。

第三，受到打印机应用条件和使用形式的限制，现金日记账和银行存款日记账可将计算机打印输出的活页账页装订成册。一般账簿可以根据实际情况和工作需要按月、按季或按年打印。

第四，在保证凭证和账簿清晰的条件下，计算机打印输出的凭证、账簿中的表格线可适当减少。在用会计信息系统代替手工记账后，当天发生的会计业务应于当天登记入账，到期未及时结账的，打印输出会计报表。计算机中的凭证、账簿数据无论在什么时候都要能如实地反映企事业单位的资金运转过程和财务状况。

会计信息化工作对会计人员的职能也提出了更高的要求。会计人员要能够灵活地运用计算机对数据进行综合分析，定期或不定期地向单位领导报告主要财务指标和分析结果；单位领导也应通过会计信息系统提供的领导查询系统主动地获取财务数据。

三、甩账的验收审批

为提高会计信息化后的会计工作质量，保证会计工作得到上级各部门的认可，且操作符合国家有关规定，单位在正式使用计算机代替手工记账之前应先验收。验收过程可以归纳为两种形式：一种形式是由财政部门直接对申请代替手工记账的单位进行审查，验收合格后办理计算机代替手工记账的审批手续，并发放计算机代替手工记账的许可证。另一种形式是财政部门间接管理，由申请计算机代替手工记账的单位委托会计师事务所进行计算机代替手工记账的审查，出具审查合格报表，并抄送至财务、税务、审计、业务等主管部门；财政部门只负责对会计师事务所的审查工作质量进行监督和检查，在审核会计师事务所的审查报告后作出正式批复。无论采取何种形式进行审查，依据的标准都是《会计电算化管理办法》和《会计电算化工作规范》。验收工作主要包括对会计核算软件的评审，以及对计算机代替手工记账的审批。

对会计核算软件的评审，是判定单位使用的会计软件是否符合现行会计制度及对软件的安全性和可靠性的评价。对已评审的会计核算软件，甩账验收时可以不再进行软件的评审工作。此外，对于会计软件的运行环境和管理制度，相关部门也要进行检查。

对计算机代替手工记账的审批主要有以下几个方面的内容：审查 3 个月（或 6 个月）并行期间手工账与计算机账的一致性，审查会计档案保管制度，审查会计人员电算化岗位分工制度。

四、会计核算软件的二次开发

会计核算软件的二次开发，是指当会计核算软件的功能不能完全满足用户的需求时，用户需要在原来软件的基础上进行进一步的开发，以补充、改进软件的一部分功能，满足自身对会计核算业务的要求。

通常，商品化会计核算软件在开发过程中主要考虑的是软件的标准使用模式。企业会计信息化工作的深入开展和用户计算机业务能力的提高，都要求对原有的软件功能进行拓展。

对会计核算软件进行二次开发的主要原因有以下几种情况：

①商品化会计核算软件的功能不能实现某些特殊会计核算处理的要求，需要增加这

部分会计核算业务的程序模块。

②原有商品化会计核算软件的功能与本单位具体情况不完全符合，要在原有程序模块的功能上进行修正。

③将商品化会计核算软件系统组合到本单位的管理信息系统工作中，使会计核算系统成为企业管理信息系统的一个子系统。

根据企业不断变化的外部环境和企业内部管理的要求，加强企业的内部管理已成为会计部门和企业其他管理部门的当务之急。企业亟须各种各样的、大量的、全方位的信息，并通过对这些信息的处理进行企业管理事项的决策。

商品化会计核算软件通常是使用范围比较广泛的会计软件，虽然其针对不同行业的会计核算工作的特点推出了不同的版本，但不可能将行业的信息要求、个别特殊信息需求及其他未考虑到的信息需求一一罗列，企业需要进行会计软件的二次开发。

（一）会计软件的二次开发工作需要考虑的事项

第一，根据财务管理、业务管理的要求，进行分析、设计、规划等工作。

第二，根据当前的、以后的计算机系统技术条件，进行分析、设计、规划等工作。

第三，分析软件开发完成后所能带来的工作效益、经济效益。

第四，计算会计软件二次开发所需要的工作时间、工作费用。

第五，确定计算会计软件二次开发所需要的物资条件、开发工具与人员。

第六，制定会计软件二次开发时的制度与规范。

第七，检查目前是否有现成的软件可以直接应用，或者稍微改动即可应用，或者是否可以稍微改动自己单位的管理方式，以适应会计软件的设计要求。

第八，会计软件二次开发的测试、修改、维护、版本升级。

第九，会计软件二次开发后，上级财务、会计、业务主管部门的审批。

（二）会计软件二次开发应注意的问题

第一，软件开发成本失控。

第二，软件开发进度失控。

第三，最终用户对"已完成的"软件系统不满意。

第四，在软件开发过程中遇到了预先没有估计到的技术方面或其他方面的困难。

第五，软件产品的质量失控。

第六，软件开发过程中人员的更换和离去。

第七，软件没有相应的技术资料和使用说明。

第八，软件开发完成后未达到预期的投入产出比。

第九，相关人员或内部人员失去了信心，或者没有责任心。

第十，软件开发速度低于计算机技术的发展速度，或者低于其他相同功能软件的发展速度。

第三节 会计信息系统的硬件与软件

一、会计信息系统硬件

本节涉及的硬件设备按类型可以分为计算机主机、计算机外围设备。

（一）计算机主机

计算机一般分为大型机、中型机、小型机和微型计算机，微型计算机以其高性能和低价格的优势迅速占据了市场。单纯从设备的计算能力来区别各类计算机，已难以划分出明显的界线。下文结合会计信息化的应用，从超级计算机、网络服务器、微型计算机和计算机交互式终端等方面来阐述计算机主机。

1.超级计算机

超级计算机是计算机中功能最强、运算速度最快、存储容量最大的一类计算机，通常是指由数百、数千，甚至更多的处理器（机）组成的计算机，多用于国家高科技领域和尖端技术研究，是国家科技发展水平和综合国力的重要体现。现阶段，就超级计算机的应用领域来说，我国和美国、德国等发达国家还有较大差距。

作为高科技发展的要素，超级计算机早已成为世界各国在经济和国防方面的竞争利器。超级计算机是一个国家科研实力的体现，对国家安全、经济和社会发展具有举足轻重的意义。我国超级计算机的研究及其应用为我国走科技强国之路提供了坚实的基础和保证。

某些对计算机能力要求极高的应用领域，如天气预报、卫星导航、军事对抗等，都离不开超级计算机。在会计电算化领域中，在某些金融数据处理中心，例如金融信息中心、证券服务、集团公司中央处理系统等，小规模的计算机系统难以顺利进行工作，这时就需要有功能强大的超级计算机或大型计算机系统。但这类计算机价格昂贵，不适合计算机的普及应用。

目前，排名第一的是 IBM 公司（International Business Machines Corporation，国际商业机器公司）推出的蓝色基因——Blue Gene/L，它同时合并了 65 536 个处理器，再加上可升级的模板设计，运算速度达到了每秒 280.6 万亿次。

2.网络服务器

目前，几乎所有的计算机主机设备厂商都生产网络服务器。网络服务器用于计算机网络的管理、计算和共享数据等方面。以前，所有的服务器都是通用的，用户主要依据处理器的处理能力、存储容量的大小等硬性指标来选择服务器。随着计算机网络的发展，服务器的网络应用逐渐多样化，如文件服务器、电子邮件服务器、网站服务器、磁盘服务器、打印服务器、应用程序服务器、FTP（File Transfer Protocol，文件传输协议）服务器、数据库服务器等。网络应用的细分导致人们对服务器性能的要求更高。服务器的不同应用要求促进了专用服务器的出现和发展，专用服务器产品也随之出现。这是计算机时代产品和技术发展的必然趋势，是网络应用向更深层进步的特征。

3.微型计算机

微型计算机是计算机技术在发展过程中献给人们最好的礼物之一，因为它具有体积小、价格低、计算能力强等优点，所以被大量引入办公室和家庭。从世界各国的发展情况来看，微型计算机已成为计算机数据处理的主力军。在会计信息系统中，绝大多数都是通过微型计算机与最终用户打交道。

微型计算机技术发展极其迅速，其所用的微处理器主频从 1981 年的 4.77 MHz 提升到 4 GHz 以上，提高了 800 余倍。同时，单枚 CPU（Central Processing Unit，中央处理器）的处理单元朝着双核、四核等多核心发展。实际上，一般用户对微型计算机性能的要求并不是很高，当前计算机市场性价比最高的主流配置，即可满足需要。随着人们对工作环境要求的提高，在选择计算机相关产品时，人们的侧重点会从设备的技术性能转移到产品的个性化设计上，如大面积的液晶或投影显示屏等，以此提高会计信息化的工作效率。

4.计算机交互式终端

事实上，计算机终端并不是计算机主机，终端是指计算机的交互式操作终端设备。同使用微型计算机一样，用户主要借助鼠标、键盘等进行操作。

相对于传统的 PC 机（Personal Computer，个人电脑），会计核算软件只需在服务器上安装一次就可以在众多终端上并发执行，且运行速度快、安全性好、硬件不用升级、软件升级简单。这种工作方式能有效地解决会计信息系统升级、维护，以及计算机病毒等问题，非常适合企业系统的集中计算、集中升级、集中管理的工作模式。

虽然交互式终端具有以上优点，但在较分散的地域上工作还不太适合。同时，若终端产品产量不大，各厂商的产品硬件不能通用，势必会出现维修费用过高的问题。并且生产厂家一旦转产或消失，配件将无法得到有效供应，损失就会较大。在微型计算机普及的今天，虽然交互式终端几乎被人们遗忘了，但是这并不能埋没其在计算机应用系统中的丰功伟绩。

（二）计算机外围设备

计算机外围设备有很多种类型，并且随着计算机与网络技术的发展不断地涌现，其主要可分为输入设备、输出设备、数据存储设备、计算机网络设备四类。

1.输入设备

在会计信息系统中，人们通常利用键盘和鼠标进行数据输入。随着多媒体技术的发展，许多输入设备都可以用在会计数据的输入工作中。手写、语音和图像输入设备的出现，使会计信息系统能够处理更加丰富的内容。

手写笔对于中文文字的输入有着特殊的意义，通过手写，人们可以直接将文字信息输入计算机。在会计信息系统中，摘要和备注的输入与中文信息关系最密切。一般商品化会计核算软件允许预先编辑并存储这类信息，以备输入时选用。手写笔可以作为文字输入的一种补充手段。

语音输入是近几年发展起来并日趋成熟的一种输入方式，其输入设备是麦克风和语音处理设备（声卡）。在会计信息系统中，人们可以利用语音输入设备向计算机输入会计信息，以提高数据输入的效率，减轻输入工作的强度和单调性。语音输入方式与其他输入方式配合使用，有助于提高输入效率。

过去在商品化会计核算软件中，对图像的处理还比较少见。一方面，图像处理对计算机的计算能力和图像处理能力有一定的要求；另一方面，图像数据的处理和存储需要较大的存储空间。然而，这些问题对当前微型计算机的性能与配置来说已经不是一道难题。在会计信息系统中，人们可以利用图形输入设备输入并保存大量的原始凭证信息，完成这一工作的设备便是图像扫描仪。根据工作原理划分，图像扫描仪的传感器主要有接触式图像传感器（Contact Image Sensor）与电荷耦合器件传感器（Charge Coupled Device）两种，图像分辨率都可轻易地达到 600×1 200 DPI。在会计核算过程中，人们可以将各类原始凭证的"复印件"输入计算机。例如，某银行利用扫描仪将来自各支行的会计凭证、储蓄凭证、国际业务凭证、信用卡凭证等输入计算机，从而提高了凭证档案管理的效率，缩短了客户服务的响应时间，大大降低了手工管理的劳动强度和费用。另外，扫描仪还可以用于对关键票证的鉴别与验证。例如，对客户预留存根进行自动搜索，并对客户所持支票的印鉴进行核对。据了解，某网络科技公司的支票管理与防伪系统的假印识别率接近 100%，真印通过率可达 95%。

数码相机也是近年来发展迅速的图像输入设备。银行系统的储蓄与对公业务可以启用视频监视系统来保留业务操作过程。会计信息系统也可以用数码相机记录会计业务交易活动现场，并随着原始凭证一起保存，作为日后备查的线索。至于由此引出的人物肖像权问题，可通过有关法律法规比照银行摄像系统处置。

2.输出设备

由于会计工作的特殊性，会计业务的输出内容具有很强的规范性。因此，在会计信息系统中，输出资料以硬拷贝为主，而且这些凭证、账表还需要会计人员签名盖章，否则这些输出不具有法律效力，只能当作副本参阅。打印机扮演着会计信息系统输出设备的主角。打印机可分为针式打印机、喷墨打印机、固体喷蜡打印机、激光打印机等。

针式打印机的缺点是难以提高打印速度、工作噪声大。但是在财务会计系统中，在票据的输出方面，针式打印机具有其他类型的打印机不可替代的特性：①针式打印机可以自由地控制走纸范围和精度，可以适应不同尺寸票据输出的需要；②针式打印机支持多层打印，对于多联形式的票据，如发票等，可以一次打印完成；③针式打印机的购置价格和使用成本较低，耗材补充适应性强。

喷墨打印机的使用成本是各类打印机中最高的，但是在图像输出，特别是彩色图像的输出方面，有着较大的优势。在对原始凭证的电子化管理中，喷墨打印机是不可或缺的设备。

固体喷蜡打印机的工作原理：对青、品红、黄、黑四色固体蜡做两次相变，固体蜡原本附着在打印机的鼓上，打印时进行第一次相变，熔化成液体并喷到打印介质上，然后立刻被重新固化，即第二次相变。在打印介质上形成图像之后，经过两个滚筒的挤压，介质表面变得非常光滑。固体喷蜡式打印机打印出的图像效果虽然稍逊于热升华打印机，但是其色彩极为艳丽鲜亮，对打印介质要求也不严，彩色打印速度要比热升华打印机快得多。

激光打印机的输出速度较快，打印质量也非常好，特别适合输出大量的文字资料和黑白图像资料。使用彩色激光打印机也可以输出彩色图像，但设备价格和维护费用比较高。激光打印机可用于会计信息系统中的报表、账簿等财务报告资料的输出。

显示屏幕和语音输出设备可用于会计核算数据查询和分析数据的输出。例如，账表查询、数据统计等操作的结果。

3.数据存储设备

计算机数据存储设备的发展与计算机技术的发展相似，其设备性能迅速提高。目前，计算机内的主要存储设备是磁盘驱动器。磁盘驱动器存储容量大、存取速度快，并且价格便宜。市场上性价比较高的磁盘驱动器的容量已经达到 1 000 GB 及以上，主轴转速达到 7 200 r/min 及以上，并且还在高速增长。

便携式硬盘、闪存盘、存储卡等即插即用的存储设备早已取代了软盘设备。U 盘是 USB 盘的简称，USB 就是一种外围设备与计算机主机相连的接口类型。广义上的 U 盘就是指移动存储设备，而狭义上的 U 盘仅仅指闪存盘。U 盘是常见的移动存储设备之一，其特点是小巧、存储容量大、价格便宜。目前，U 盘容量有 1 GB、2 GB、4 GB、8 GB、16 GB、32 GB、64 GB、128 GB、256 GB、512 GB、1 TB 等。以常见的 128 G 的 U 盘为例，其价格仅几十元。U 盘携带方便，人们可以把它挂在胸前、吊在钥匙串上，甚至放进钱包里。

闪存盘，是二十年以来计算机存储领域唯一属于中国人的原创性发明专利成果。一般，采用 MLC（Multi-Level Cell，多层单元）颗粒的 U 盘可擦写 1 万次以上，而采用 SLC（Single-Level Cell，单层单元）颗粒的 U 盘使用寿命更是长达 10 万次。"U 盘"不是产品名称，而是哈尔滨朗科科技有限公司注册的闪存盘商标。哈尔滨朗科科技有限公司发明了世界上第一款闪存盘，并因此荣获闪存盘全球基础性发明专利，公司总裁吕正彬是创始人及发明专利持有者之一。

会计信息系统对数据的安全要求很高，不仅要求数据存储设备支持电算化系统的会计业务工作，还要求对会计核算的数据进行备份。除了磁盘驱动器（简称"磁盘"）外，存储设备还有传统的磁带驱动器（简称"磁带"）和近年来正在走向实用的可刻录光盘驱动器。

与磁盘驱动器相比，在进行数据备份时，磁带设备具有不可代替的地位：第一，磁带的存储密度较高；第二，磁带记录数据的可靠性强，不会因外界的物理冲击而丢失数据；第三，磁带的单卷存储容量与磁盘相当。磁带作为对会计核算数据进行备份的介质有其独特的好处，但其缺点是存取速度较磁盘稍低，目前这种情形正有所改善。

可刻录光盘驱动器的推出是引人瞩目的，与其他存储设备相比，它有以下优点：

第一，数据存储量大。CD（Compact Disc，激光唱片）的存储量，单盘可达 750 MB；而 DVD（Digital Video Disc，数字视频光盘）的存储量，单盘可达数 10 GB。

第二，存取速度快。目前，已推出 48 倍读、32 倍写、12 倍重写性能的可刻录光盘驱动器。

第三，CD-RW 盘片上的数据可随机读写，与磁盘类似，操作极为方便。

第四，可刻录光盘 CD（DVD）-R 盘片与可擦写光盘 CD（DVD）-RW 盘片均能与（CD）DVD 设备兼容。这些盘片可在普通的 CD-ROM 和 DVD 光盘驱动器上读取。第五，数据存储保存时间长，可达数十年。

虽然 MO（Megneto Optical Disk，磁光盘）与 ZIP（Zip Drive，极碟）设备早已出现，但它们都不能与可刻录光盘驱动器相比。在会计信息系统中，使用可刻录光盘驱动器存储数据，配合图像编辑手段，可以实现存放和实时处理大量的原始凭证。

4.计算机网络设备

在大企业中，会计信息系统需要在计算机网络环境下工作，以充分发挥其功能。这样不仅易于会计业务的分布式运行，还能与企业的其他信息处理子系统便利地交换数据。常用的组网设备与器材有关，网络各节点的电子计算机通过各类通信信道被有机地连接起来。通过通信网络的物理连接，会计信息系统的各个工作站点不仅可以互相联络，还可以共享数据，并接受其他服务。

二、会计信息系统软件平台

要支撑会计信息系统的运行，就为其构建一个良好的软件工作平台。会计信息系统必须在系统软件及有关的数据处理和维护软件的支持下工作。

（一）系统软件

计算机系统软件主要指计算机操作系统。操作系统的功能是有效地管理计算机的硬件与软件资源，并为用户提供一个友好的操作界面。除了某些特别的计算机系统，常用的微型计算机操作系统有 Unix、Windows 和 Linux。

1.Unix 操作系统

Unix 操作系统是一个交互式的多用户分时操作系统，自 1969 年问世以来，发展十分迅速。1973 年，人们用可以在不同类型计算机体系结构中使用的 C 语言重写了 Unix 操作系统，使得 Unix 操作系统具有了可移植的条件。之后，大量的使用者和大公司竞相开发和扩充 Unix 操作系统的功能，使其性能越来越强，可以运行的实用程序也越来越丰富。目前，Unix 操作系统已被移植到各类计算机、工作站、服务器和微型计算机上。美国 IEEE（Institute of Electrical and Electronic Engineers，电气与电子工程师协会）组织成立的 POSIX（Portable Operating System Interface of Unix，基于 Unix 操作系统的可移植 OS 界面）委员会给 Unix 操作系统下了一个标准的定义，即可以运行 Unix 应用软件的操作系统就是 Unix 操作系统。

Unix 操作系统具有良好的稳定性和安全性。例如，SCO Unix 操作系统为用户提供了四个安全级别，分别是 Low 级、Traditional 级、Improved 级和 High 级，其中 Improved 级达到了美国国防部的 C1 级安全标准，High 级则高于 C2 级。Unix 操作系统作为一个成熟的网络操作系统，已广泛地应用在金融、保险、邮电等行业，会计核算软件可以选用 Unix 操作系统作为平台。

2.Windows 操作系统

自从 1981 年 8 月 12 日 IBM 公司推出了个人电脑，并宣布了当时的 MS-DOSI.0 操作系统，微软公司就成了微型计算机操作系统的霸主。随之推出的 Windows 操作系统也几乎成了微型计算机操作系统的代名词。在我国，几乎所有的商品化会计核算及管理软件开发商在 Windows 操作系统问世以后，都将会计软件从 DOS（Disk Operating System，磁盘操作系统）平台转移到 Windows 平台。

3.Linux 操作系统

Linux 操作系统是一个基于 POSIX 和 Unix 操作系统的多用户、多任务、支持多线程和多 CPU 的操作系统，Linux 操作系统来源于林纳斯·本纳第克特·托瓦兹的将 Unix 操作系统移植到 Intel（英特尔）处理器架构的计算机上的构想。Linux 操作系统能运行 Unix 操作系统的主要工具软件、应用程序和网络协议，而且模块化的结构设计也使其具有良好的扩充性。同时，Linux 操作系统是一个免费软件，任何人都可以通过互联网免费得到它。

Linux 操作系统向 Windows 操作系统发起了冲击，Linux 操作系统在可扩展性、互操作性、易管理性和网络功能上都优于 Windows NT。随着 Linux 操作系统的发展，许多软件商和硬件商都宣布支持 Linux 操作系统，并纷纷开发 Linux 平台的软件和硬件，使得 Linux 操作系统逐渐成为主要的操作系统平台，在政府、商务、教育等领域得到了广泛的应用，用户队伍逐渐壮大。目前，我国的会计核算软件开发商在推出 Windows 平台上的财务软件的同时，也在尝试开发 Linux 平台上的会计核算软件。

（二）实用软件

会计信息系统除了要求在操作系统平台的支撑下运行外，还需要一些其他软件的支持，包括文件与数据管理软件、文字处理软件、图形图像处理软件、声音和语音处理软件、防病毒/防火墙软件、计算机语言编译与集成开发环境（IDE）软件等。这些软件被称为实用软件，可分成四类，即数据管理与维护软件、图文（多媒体）编辑软件、系统开发工具和系统安全与防护软件。

1.数据管理与维护软件

会计信息系统产生的各类数据均存放在计算机系统的存储器中，一般的数据处理，如数据的备份与恢复等功能都集成在会计核算软件中。但若要对系统内的数据进行维护，还需要用专门的数据管理软件，如在会计核算数据的存储格式受到损伤时进行修补、对存储空间的文件进行整理等。数据管理方面的实用程序一般都由所安装的操作系统提供。

2.图文（多媒体）编辑软件

会计信息系统在工作期间可能需要对某些财务报告文件进行编辑。对多媒体文件的编辑要用对应的编辑软件。若在会计核算的账务处理过程中，不仅要对原来的文字进行输入与输出，还需要进行原始凭证的输入、输出以及语音处理等，那么相关单位可将对应的编辑软件嵌入会计核算软件系统中。

3.系统开发工具

系统开发工具常用于修补会计信息系统中的功能程序，或者增加其中的某些功能。若会计信息系统不能满足当前需要，那么在技术条件允许的情况下，相关单位可以对系统进行二次开发。选用的系统开发工具最好与原来开发会计核算软件的工具相同或版本更高。微软又在其系统开发环境中推出了 C#，用以代替 C++，并向 Java 等系统开发语言发起了新一轮的挑战。

4.系统安全与防护软件

目前，系统受到的安全威胁主要来自计算机病毒和计算机网络中的人为攻击，其中计算机网络中的人为攻击的情况更为复杂。会计信息系统的管理员应该及时发现问题并进行有效处理，使用系统安全与防护软件，实现规范的计算机安全管理。

（三）数据库管理系统

可用于开发会计信息系统的数据库管理系统有很多。过去，由于性能，微型计算机只能使用一些小型的数据库系统，如 dBASE 数据库、FoxBASE 数据库、FoxPro 数据库、Access 数据库等。现在，许多大型的数据库管理系统都能在微型计算机及其网络系统中运行，如 Sybase 数据库、Oracle 数据库、Informix 数据库和 Microsoft SQL Server 数据库等。

（四）计算机网络与通信软件

多数会计信息系统都需要通过局域网来工作，尤其是大规模的集团公司，其工作范围更要突破地域的限制。因此，局域网与互联网的连接，是目前网络计算的需要。虽然计算机网络的组织方案有很多，但是都需要配置相应的软件。目前有两种技术可以使组网更方便、更灵活、更便于发挥会计信息化的作用，一种是无线局域网，另一种是蓝牙技术。

1.无线局域网

无线局域网可以极大地提高经济效益。据无线局域网协会的调查，应用无线局域网不仅可以提高 48% 的生产率、6% 的企业效率、6% 的收益与利润，还可以降低 40% 的成本。无线局域网可以采用网桥连接、基站接入等不同的网络结构。无线局域网的接入不仅可以解决在一定范围内企业各建筑物之间的网络通信问题，减少网络对布线的需要及其相关开支，还可以提供灵活性更高、移动性更强的信息通道。

2.蓝牙技术

蓝牙是 1998 年 5 月由东芝、爱立信、IBM、Intel 和诺基亚共同提出的近距离无线数字通信的技术标准。蓝牙是通过无线电通信技术，在一个有限范围内建立网络互联的手段。由于发射功率非常小，蓝牙不会对其他区域的网络通信产生干扰。

蓝牙技术的有效传输距离一般是 10 cm～10 m，增加发射功率后，可达 100 m 甚至更远；收发器工作频率为 2.45 GHz。蓝牙技术的优点是可以支持语音和数据传输；可穿透不同物质并在物质间扩散，抗干扰性强、不易窃听；不受频谱的限制，功耗低、成本低。

在办公室或在有效通信范围内使用蓝牙技术，可以使会计信息系统工作网络免除布线工作，并且能在有效范围内自由移动。

三、商品化会计核算软件开发供应商

在政府的大力支持和扶植下，我国商品化会计核算软件发展迅速，并逐渐走向成熟。我国开发商品化会计与管理软件的公司主要有北京安易软件有限责任公司、北京用友软件股份有限公司、北京通审软件技术有限公司、浪潮集团山东通用软件有限公司和重庆东大金算盘软件有限公司等，下面以其中几家公司为例进行介绍。

（一）北京安易软件有限责任公司

北京安易软件有限责任公司（简称"安易公司"）是由中华人民共和国财政部批准并投资的企业财务及企业管理软件公司，以我国唯一的会计信息化研究机构"中国会计电算化研究开发中心"为技术依托，所研制的安易会计软件采用的是国际尖端电脑技术。1999 年 12 月，安易公司通过了 ISO9000 质量管理及保证体系国际认证。

"安易 2000"财务管理软件是安易公司面向大中型企事业单位，采用大型数据库管理系统平台研制的，全面支持互联网和电子商务的新一代多媒体财务管理软件。针对中小型企事业单位的电子商务，安易公司推出了"王"系列财务软件，如"会计王""存货王"等。

（二）北京用友软件股份有限公司

北京用友软件股份有限公司（简称"用友公司"）创立于 1988 年，是中国第一家通过 ISO9002 国际质量体系认证，并将该体系全面推广和实施到全国各子公司的软件企业中。用友公司开发的应用软件包括财务软件、企业管理/ERP（Enterprise Resource Planning，企业资源计划）软件、电子商务/CRM（Customer Relationship Management，客户关系管理）软件。用友公司开发的软件具有良好的市场表现，市场发展始终保持稳步增长。

用友网络财务软件 V9.10（Web 版）是用友公司最新推出的基于浏览器/服务器计算模式的集团财务管理系统。该软件是采用 Java 技术开发的，后台可连接多种大型关系数据库，从而保证财务的跨平台运行。在财务管理功能上，该软件满足了财务核算、管理会计和决策支持三个层次的需求。

2003 年 1 月 8 日，用友公司和安易公司共同在北京人民大会堂召开新闻发布会，向外界正式宣布，用友公司成功投资安易公司，新成立的用友安易公司由用友公司控股，而且已经于 2003 年 1 月 1 日投入运营。

根据赛迪资讯的调查，当年用友公司在中国管理软件市场的占有率名列第一，安易公司名列第五，两家公司所占市场份额总和占了中国管理软件市场的三分之一。中央国家机关所采用的财务和相关电子政务软件几乎全部来自这两家公司。

在此次投资合作中，用友公司投入了 1 260 万元，安易公司投入了自己的业务及资产。整合完成后，在新成立的用友安易公司中，用友公司占 68%的股份，安易公司股东财政部财政科学研究所和北京金山峰软件有限公司分别占 21.5%和 10.5%的股份。在用友安易公司的管理团队中，董事长由用友公司副董事长郭新平先生担任，监事长由财政部财政科学研究所副所长苏明先生担任，总经理由安易公司总经理严绍业先生担任。新成立的用友安易公司的目标直指电子政务。

（三）北京通审软件技术有限公司

北京通审软件技术有限公司成立于 1998 年 4 月，是中关村科技园区内的高新技术企业、软件企业，是中国第一家专门从事通用审计软件开发的企业，同时也是国家级涉外企业所得税纳税申报及汇算清缴工作唯一系统集成提供企业。北京通审软件技术有限公司在审计领域和所得税申报方面开发了大量的基于核心技术的产品，积累了丰富的管理经验。

北京通审软件技术有限公司在 1999 年成功研制了中国第一套通用审计软件——通审 2000，开创了审计领域电算化的先河。经过多年的实践，加之国家"金审工程"的不断推广，北京通审软件技术有限公司的产品发展思路有了重大突破，开发出来的软件已经不再是单一的产品，而是一个信息系统，并且作为审计信息化的概念被广泛接受，现已有国家审计、社会审计、企业内部审计等一系列的审计业务解决方案。

2000 年，由北京通审软件技术有限公司研制、国家税务总局国际税务司监制的中华人民共和国涉外企业所得税申报系统开始在全国推广。该系统方便了纳税户快速简洁地在软件表格中填写数据，并生成电子申报文件，极大地减轻了税务机关和企业申报、审核的工作量，同时也有利于国家对涉外企业所得税税收的统计和分析。

我国主要的商品化会计与管理软件开放供应商都有很强的研发能力。通过数年来的发展和市场开拓，一批计算机财务与管理软件开发精英不断涌现，他们不仅能不断地跟踪和使用高水平的软件开放工具，还能不断地完善和扩展财务与管理软件的功能，并且能针对不同的应用背景，提出一系列管理应用解决方案，如 ERP 解决方案、ASP 解决方案、互联网集团公司财务管理解决方案、电子商务解决方案、SCM 解决方案和 CRM 解决方案等。

第四节 会计信息化管理制度

会计信息化与手工会计处理相比，其处理过程和处理手段都发生了重大的变化，对会计工作管理的方法、程序、核算体系也产生了巨大的影响。相关单位必须对会计管理制度进行相应的调整，以保证系统正常、安全、可靠地运行。会计信息系统的管理制度主要包括会计信息化岗位责任制度、会计信息化操作管理制度、计算机硬件管理制度和会计档案管理制度。

一、会计信息化岗位责任制度

实行会计信息化的单位要建立会计信息化岗位责任制度，要明确每个工作岗位的职责范围，切实做到事事有人管，人人有专责，办事有要求，工作有检查。实施会计信息化后的工作岗位可分为基本会计岗位和电算化会计岗位。

基本会计岗位包括会计主管、出纳、会计核算、稽查、会计档案管理等，与手工会计核算时的各岗位相对应。根据各单位会计工作的具体需要，基本会计岗位可以一人一岗、一人多岗或一岗多人，但应当符合内部牵制制度的要求。如出纳人员不得同时负责稽查、某些账目的登记、会计档案的保管工作。在基本会计岗位工作的人员必须持有"会计从业资格证书"。

电算化会计岗位是指管理、操作、维护会计信息系统中硬件及软件的工作岗位，一般可划分如下：

（一）电算主管

电算主管负责协调计算机及会计软件系统的运行工作，要求具备会计和计算机知识，以及相关的会计信息化组织管理经验。电算主管可由会计主管兼任，采用中小型计算机和计算机网络会计软件的单位应设立此岗位。

（二）软件操作员

软件操作员负责输入记账凭证和原始凭证等会计数据，输出记账凭证、会计账簿、报表等，进行部分会计数据处理工作。软件操作员要具备会计软件操作知识，达到会计信息化初级知识培训的水平。各单位应鼓励基本会计岗位的会计人员兼任软件操作员的工作。

（三）审核记账员

审核记账员负责对输入计算机的会计数据（记账凭证和原始凭证等）进行审核，操作会计软件登记机内账簿，对打印输出的账簿、报表进行确认。审核记账员要具备会计和计算机知识，达到会计信息化初级知识培训的水平。审核记账员可由主管会计兼任。

（四）电算维护员

电算维护员负责保证计算机硬件、软件的正常运行，管理计算机内的会计数据。电算维护员要具备计算机和会计知识，经过会计信息化中级知识培训。采用大型、小型计算机系统和计算机网络会计软件的单位，应设立此岗位。在大中型企业中，电算维护员应由专职人员担任。

（五）电算审查员

电算审查员负责监督计算机及会计软件系统的运行，防止有人利用计算机舞弊。电算审查员要具备会计和计算机知识，达到会计信息化中级知识培训的水平。电算审查员可由会计稽查人员兼任，采用大型、小型计算机系统和大型会计软件的单位，可设立此岗位。

（六）数据分析员

数据分析员负责对计算机内的会计数据进行分析。数据分析员要具备计算机和会计知识，达到会计信息化中级知识培训的水平。采用大型、小型计算机和计算机网络会计软件的单位，可设立数据分析员岗位。数据分析员可由主管会计兼任。

（七）档案保管员

档案保管员负责保存会计数据的存储介质、输出的各种账表、凭证和各种会计资料，做好数据与资料的安全保密工作。

（八）软件开发员

软件开发员负责本单位会计软件的开发、维护和二次开发工作。基本会计岗位和电算化会计岗位，可在保证会计数据安全的前提下交叉设置，各岗位人员要保持相对稳定。由本单位人员进行会计软件开发的，还可设立软件开发岗位。

小型企事业单位在设立电算化会计岗位时，应根据实际需要适当合并上述岗位。

二、会计信息化操作管理制度

实现会计信息化后，为保证系统正常工作，应建立会计信息化操作管理制度，主要内容如下：

（1）明确规定上机操作人员对会计软件的操作工作内容和权限，严格管理操作密码，指定专人定期更换密码，杜绝未经授权的人员操作会计软件。

（2）预防已输入计算机的原始凭证和记账凭证等会计数据未经审核而登记在计算机内账簿中。

（3）操作人员在离开机房前，应执行相应命令退出会计软件。

（4）根据本单位实际情况，记录操作人员、操作时间、操作内容、故障情况等内容，由专人保存必要的上机操作记录。

三、计算机硬软件和数据管理制度

会计信息系统维护包括计算机硬件维护、软件维护和数据维护。为规范系统维护工作，应建立计算机硬软件和数据管理制度，主要内容如下：

（1）保证机房设备安全和计算机正常运行，要经常对有关设备进行保养，保持机房和设备的整洁，防止意外事故的发生。

（2）确保会计数据和会计软件的安全保密，防止对数据和软件进行非法修改，要按规定保存多个用计算机存储介质存放的数据备份。

（3）对正在使用的会计核算软件的修改、对通用会计软件的升级和对计算机硬件设备的更换等工作，要有一定的审批手续；在软件修改、升级和硬件更换过程中，要保证实际会计数据的安全，要有特定人员进行监督。

（4）健全计算机硬件和软件在出现故障时排除故障的管理措施，保证会计数据的完整性。

（5）健全必要的防治计算机病毒的措施。

四、电算化会计档案管理制度

电算化会计档案管理是重要的会计基础工作，相关单位应建立电算化会计档案管理制度。电算化会计档案包括存储在计算机硬盘中的会计数据、以其他存储介质存储的会计数据和计算机打印出来的书面形式的会计数据。会计数据是指记账凭证、会计账簿、会计报表（包括报表格式和计算公式）等数据。相关单位要严格按照财政部的有关规定对会计档案进行管理，做好防磁、防火、防潮和防尘等工作。重要的会计档案应准备双份，并存放在不同的地点。采用磁性介质保存的会计档案，要定期检查和复制，防止由于磁性介质损坏而使会计档案被破坏。通用会计软件、定点开发会计软件、通用与定点开发相结合的会计软件的全套文档资料及会计软件程序，应同会计档案一起保管，保管期截止到该软件停止使用或有重大改变的五年之后。

第三章 会计信息系统的管理策略

第一节 会计信息系统内部控制

一、会计信息系统内部控制的意义

内部控制是保证会计资料和信息的真实性、完整性,提高管理水平的一项有效措施。会计信息化后,会计信息处理方式有所改变,使传统的内部控制方法面临严峻的挑战。

会计信息系统与手工系统相比较,具有数据处理集中化、数据存储磁性化、系统初建成本高、系统操作身份识别难、内部稽核受到削弱、系统自身脆弱等特点。这决定了会计信息系统的内部控制比手工系统的内部控制更重要。

企业各级管理部门及与其利益相关的外部信息使用者的决策对会计信息系统的依赖性增大,而这些会计信息的质量在很大程度上取决于系统内部控制状况。信息化程度越高,信息使用者对信息的依赖性就越大,因此内部控制在更大的程度上决定信息的质量。随着信息技术的日益普及和提高,不仅企业管理人员关心系统内部控制的健全与改善,外部信息使用者也越来越迫切地要求企业保持良好的内部控制,以保证企业所提供信息的质量。

随着信息化水平的逐步提高,企业财务状况和经营成果受系统资源的安全性、效率性的影响加大。为了管理和运用会计信息系统资源,企业更需要加强资源安全管理,避免因系统硬件、软件被盗或毁损而造成重大损失。

会计信息系统的特点表明,企业信息化以后,有些风险减少了,但许多在手工系统中不曾有的风险有所增加,这使得加强会计信息系统的内部控制成为任何信息化单位不得忽视的一项重要工作。会计信息系统与手工系统相比较,新增或特有的风险主要有以下几项：

（一）计算机对不合理的业务缺乏识别能力

尽管计算机运行速度快、计算精度高，但计算机在进行逻辑判断时一般要事先编入有关程序。如果程序设计不周或企业不对输出文件进行人工检查，则很可能导致不合法的业务和数据游离于企业内部控制之外，造成数据的失真。

（二）数据安全性较差

在手工系统中，数据的处理与存储是分散的，而会计信息系统的数据处理与存储呈现出高度集中的特点，为数据的安全性带来了一定的威胁。首先，集中处理意味着某些部门和人员在履行不相容的职责时，企业需要采取一些额外的补偿性控制手段，以此降低这一风险；其次，数据存储集中于磁性载体，由于磁性载体对环境的要求较高，对温度、湿度、清洁度均有一定要求，数据易于损毁；最后，未经授权，人员一旦接触数据，就可能导致大量数据丢失或泄密。如果企业在会计信息化后没有增加新的控制手段来保证数据的安全，则发生数据丢失和损毁的可能性较之手工系统大大提高。

（三）差错的反复发生

在手工系统中，差错的发生通常是个别现象，而且由于数据处理各环节分散于多个部门，由多个人员分工完成，一个部门或人员的差错通常可以在后续环节中被发现并改正。由于计算机处理数据依靠的是程序运行，并且运算速度极高，其处理结果一旦在某个环节发生差错，就会在短时间内迅速蔓延，使得相应文件、账簿乃至整个系统的数据信息失真。如果差错是由应用程序和软件造成的，则计算机会反复执行同一错误操作，多次给出错误结果。因此，为了保证数据处理的可靠性，企业需要在系统硬件、软件及数据处理各环节增设必要的控制措施。

（四）程序被非法调用和篡改

对程序调用和修改的控制，是手工系统中不曾有过的问题，但在会计信息系统中却至关重要。如果对接近系统的人员缺乏控制，就有可能发生程序被未经授权的人员非法操作的情况，不仅导致数据失真，还为舞弊行为提供了滋生的土壤。在历史上，无论是国内还是国外，通过非法调用和篡改程序以达到非法目的的事件屡见不鲜。因此，企业必须对调用和修改程序的操作者的身份进行严格的控制。

二、会计信息系统内部控制的分类

依据一定的标准对会计信息系统中的内部控制加以分类，有助于对其内部控制的理解、审查和评价。

依据控制实施的范围，会计信息系统内部控制可以分为一般控制和应用控制，这是一种最常见的分类。目前，世界上主要国家的会计信息系统审计准则均以此分类规定内部控制评审的步骤和主要内容。一般控制是对会计信息系统构成要素（人、机器、文件）及数据处理环境的控制，主要内容包括组织控制、系统开发与维护控制、硬件及系统软件控制和安全控制，适用于整个会计信息系统，是应用控制的基础，它为数据处理提供了良好的环境。应用控制则是对具体功能模块及业务数据处理过程各环节的控制，主要包括输入控制、处理控制和输出控制等内容，适用于特定的处理任务，是一般控制的深化，它在一般控制的基础上，直接落实到具体的业务数据处理过程中，为数据处理的准确性、完整性提供最后的保证。

依据控制所采取的手段，会计信息系统中的内部控制可以分为手工控制和程序化控制两类。手工控制是由人工直接通过手工操作实施的控制；程序化控制是由计算机程序自动完成的控制。

依据控制的预定意图，会计信息系统中的内部控制可以分为预防性控制、检查性控制和纠正性控制三类。预防性控制是为防止不利事件的发生而设置的控制；检查性控制是用来检查、发现已发生的不利事件而设置的控制；纠正性控制又称恢复性控制，是为了消除或减轻不利事件造成的损失和影响而设置的控制。预防性控制是一种积极的控制，它强调在不利事件发生前加以防范，减少出现不利事件的可能性；检查性控制是一种中性的控制，它强调在不利事件发生时就能够发现；纠正性控制是相对消极的，它假定不利事件已经发生，从而设置一些可以减少不利影响的手段。

依据实施控制部门的不同，会计信息系统内部控制可以分为信息化部门控制和用户控制。信息化部门控制是指由信息化部门人员或计算机程序实施的控制。用户控制则是指数据信息使用部门对计算机数据处理施加的控制。

三、会计信息系统内部控制的特点

在会计信息系统中，内部控制的目标仍然是保证会计资料和信息的真实性与完整性，提高经营效率以保证管理目标的实现。但是，其控制的重点、范围、方式和手段等方面都发生了变化。

（一）控制的重点转向系统职能部门

实现信息化以后，数据的处理、存储集中于职能部门，因此内部控制的重点也必须随之转移。

（二）控制的范围扩大

由于会计信息系统的数据处理方式与手工系统相比有所不同，并且会计信息系统的建立与运行具有复杂性，所以内部控制的范围要相应扩大。其中，包括一些手工系统中不曾有的控制内容，如对系统开发过程的控制、数据编码的控制及对调用和修改程序的控制等。

（三）控制方式和手段由手工控制转为手工控制和程序化控制相结合

在手工系统中，所有的控制手段一般都是手工控制；在会计信息系统中，原有的手工控制手段保留了一部分，同时也增设了一些存在于计算机程序中的程序化控制。当然，由于信息化程度不同，程序化控制的数量也会有所不同。一般来说，信息化程度越高，采用的程序化控制要求也就越多。

四、会计信息系统内部控制的目标

会计信息系统内部控制的目标是指实施会计信息系统内部控制所应该达到的效果和目的。根据内部控制的定义和对系统的一般要求，内部控制的目标可概括为以下三个方面：

（一）保证系统的合法性

系统的合法性包含两方面的含义，即系统本身及处理的经济业务应该遵循财政部颁布的与会计软件开发有关的规定和当前的会计法规、会计准则、会计制度等规定。因此，在系统设计过程及系统运行阶段，企业必须建立严格的内部控制制度和措施，以确保系统本身及其处理经济业务的合法性。

（二）保证系统的安全

保证会计信息系统的安全可靠，是会计信息系统正常运行的前提和基础。系统的安全主要包括系统本身硬件、软件资源的安全及系统数据库的安全等。因此，在对系统进行设计时，企业应该充分考虑威胁系统安全的因素，并考虑采用什么样的措施来抵御威胁，以确保系统的安全和可靠。

（三）保证系统处理数据的真实和准确

为了保证会计信息系统数据处理得正确、合理，以及财务报告信息的真实、可靠，应将会计信息系统内部控制的重点放在对软件开发过程中的程序化控制及对个人权限的管理和控制上，并且充分发挥内部审计的作用。在会计信息系统的设计过程中，企业应将一些控制措施嵌入程序中，如个人权限控制、系统纠错控制、系统恢复控制、输入数据控制、科目合法性控制、凭证合法性控制、借贷平衡控制等。需要特别强调的是，企业要对输入的数据进行严格的控制，输入的数据一旦出错，无论会计处理的过程多么正确，输出的结果也不可能是正确的。

五、会计信息系统内部控制的内容

会计信息系统内部控制的内容如下：

（一）一般控制

一般控制是对整个会计信息系统及环境构成要素实施的，对系统的所有应用或功能模块具有普遍影响的控制措施。如果系统一般控制较弱，那么无论单个应用与各处理环节的应用控制多么完善，都难以达到内部控制的目标。一般控制可具体划分为组织控制、硬件及系统软件控制、系统安全控制和系统开发与维护控制。

1.组织控制

会计信息系统组织控制的基本目标：会计信息系统职能部门的设置，职责分工及人员的招聘、使用与考核应能保证会计信息系统中的有关人员能正确、有效地履行自己的职责。

会计信息系统组织控制的主要内容有以下几点：

第一，信息化部门与用户部门的职责分离。

第二，系统职能部门内部的职责分离。

第三，人员素质保证。

第四，领导与监督。

2.硬件及系统软件控制

（1）硬件控制

硬件控制是指计算机硬件制造商随机配置的某些控制功能或技术手段。

（2）系统软件控制

系统软件的主要功能包括管理计算机系统资源、辅助和控制应用程序的运行等。较为理想的系统软件应包括三个方面的控制功能，即错误的处理、程序保护、文件保护。

3.系统安全控制

系统安全控制是一般控制的重要组成部分，是为了保证计算机系统资源的实物安全而采取的各种控制手段，它有利于防止和减少因自然灾害、工作疏忽、蓄意破坏及计算机犯罪等造成的损失和危害。系统安全控制还是各种应用控制发挥作用的前提和基础。如果安全措施不当，那么再完善的应用控制也无济于事。

系统安全控制包括硬件的安全控制、软件与数据的安全控制、环境安全控制、防病毒控制等方面。

4.系统开发与维护控制

系统开发与维护控制是对新系统的分析、设计、实施及对现行系统的改进和维护过程的控制。合理设置系统开发过程中的有关控制，是保证系统开发质量的重要条件，具体内容如下：

①计划与文档控制。

②授权控制。

③转换控制。

④系统维护改进控制。

（二）应用控制

应用控制是在整个会计信息系统中的某个子系统或单位应用系统的数据输入、处理和输出环节中设置的控制措施。应用控制涉及各种类型的业务，每种业务及其数据处理有其特殊流程和要求。具体控制的设置需结合具体的业务，各种业务数据处理过程应用控制的内容有很多。应用控制一般可分为输入控制、处理控制和输出控制三个方面。

1.输入控制

数据输入是一项较为复杂的工作。由于手工操作与计算机操作混合使用，信息化部门与其他部门业务往来繁杂，因此极易发生错误，企业需要设置大量的控制措施加以防范。输入控制是应用控制中最为关键的环节，主要包括数据采集控制和数据输入控制。

2.处理控制

数据输入计算机后，计算机就会按照一定的程序和指令对有关数据进行加工处理，这一过程极少受到人工干预。处理控制大部分为检查性、纠正性和程序化控制。但是，应用程序的计算与处理逻辑错误、程序运行中处理了不应当处理的文件和数据、错误数据在输入过程中没有被检查出来、处理过程中使用了不应该使用的程序版本等，都将影响数据处理结果的准确性和可靠性。因此，在处理过程设置一定的控制措施是十分必要的，其主要包括数据有效性检验和程序化处理有效性检验。

3.输出控制

输出是计算机数据处理的最后结果，对输出进行控制的主要目的如下：

第一，验证输出结果的正确性。

第二，保证输出结果能够及时地送到有权接受有关输出的人员手中。

会计信息系统数据处理的最终输出有三种基本形式，即存入外存储器、打印成书面文件和屏幕显示。其中，打印出的书面文件通常具有法律效力（如会计报表）或者导致资产的转移（如发货单），因此是输出控制的重点。输出控制的首要任务是及时发现输出中存在的问题。系统职能部门与业务职能部门在这方面共同承担责任，控制的具体设计也应从这两方面考虑。

会计部门要在输出文件分发前对其从形式和内容上加以审核，对正常报告与例外报告均要认真进行检查。审核检查采用的主要手段之一是核对，其中包括业务处理记录簿与输入业务记录簿的有关数字核对、输入过程的控制总数与由输出得到的控制总数的核对、正常业务报告与例外报告中有关数字的对比分析等。

业务职能部门也应对收到的文件从形式和内容两方面进行检查。在检查中，业务职能部门要将收到的计算机数据处理清单与自己保存的原始凭证清单逐一核对，确定输出文件内容的完整性；要将人工计算的控制总数与计算机计算输出的控制总数进行核对，以便发现输出文件中有无重复、遗漏或篡改的内容；要将输出文件中有关的数字与实物进行核对，并进行合理性分析，以便研究输出中存在的问题。

输出控制的第二项任务就是确保输出文件传送工作安全、正确。因此，企业必须建立输出文件的分发、传送程序，设置专人负责此项工作。业务职能部门负责登记输出文件、收存记录簿，与收到的输出文件进行核对，与文件分送时间表进行核对。对于屏幕形式的输出，企业应设置一些控制措施，限制对输出信息的接触，如限定使用计算机或终端的人员、使用进入口令、机器加锁、房屋加锁和权限控制等。

第二节 会计信息系统的使用管理

一、会计信息系统使用管理的意义

会计信息化后的使用管理主要是指通过对系统运行进行管理，保证系统正常运行，完成预定任务，确保系统内各类资源的安全与完整。虽然会计信息系统的使用管理主要是一些日常管理工作，但它却是系统正常、安全、有效运行的关键。如果企业的操作管理制度不健全或实施不得力，则会给各种非法舞弊行为以可乘之机；如果操作不正确，则会破坏或丢失系统内的数据，影响系统的正常运行，还会造成录入数据的不正确，影响系统的运行效率，直至输出不正确的账表；如果各种数据不能及时备份，则有可能在系统发生故障时使会计工作不能正常进行；如果各种差错不能及时记录下来，则有可能使系统错误运行，输出不正确、不真实的会计信息。

二、服务器机房的管理

（一）机房管理制度的内容

会计信息化后，服务器是会计数据的中心。对于大中型企业，需要建立专门的服务器机房，以方便管理和提高安全性。设立机房主要有两个目的：

第一，给计算机设备创造一个良好的运行环境，保护计算机设备，使其稳定地运行。

第二，防止各种非法人员进入机房，保护机房内的设备、机内的程序与数据的安全。

机房管理制度的主要内容包括：

第一，有权进入机房人员的资格审查。

第二，机房内的各种环境要求。

第三，机房内各种设备的管理要求。

第四，机房中禁止的活动或行为。

第五，设备和材料进出机房的管理要求等。在制定具体的管理制度时，企业要根据具体的条件、人员素质、设备情况综合考虑。

（二）机房管理制度举例

第一，凡因工作进入机房的人员，都必须遵守机房制定的各项规章制度。非工作人员严禁入内。

第二，保持机房环境卫生，定期清洁计算机及其他设备的尘埃。

第三，严禁在计算机前喝水和吸烟，以免引起短路、火灾或其他损失。

第四，为防止意外事故的发生，机房内必须配备灭火设备，并杜绝一切火源；机房内一切电器必须经过电工同意后方可安装，其余人员不得拆迁或安装。

第五，任何人员不得擅自打开机箱和撤换计算机配件、电缆线等，如果发现设备有问题，应立即报告分管领导解决。

第六，不得私自复制机房的软件和数据；外来软件，必须经检查无病毒后才可使用；存储介质也要经检查无病毒后才可使用，并存放于机房。

第七，严禁在计算机内安装或运行游戏。

第八，未经许可，不准对外服务，以防病毒传入。

第九，机房无人时应加锁，以确保服务器的安全。

三、操作管理

（一）操作管理的内容

操作管理是指对计算机及系统操作运行的管理工作，其主要体现在建立与实施各项操作管理制度上。操作管理的任务是为会计信息系统的运行提供良好的环境，按规定录入数据，执行各子模块的运行操作，输出各类信息，做好系统内有关数据的备份及发生故障时的恢复工作，确保计算机系统的安全、有效、正常运行。操作管理制度主要包括以下内容：

1.操作权限

操作权限是指系统的各类操作人员所能运行的操作权限，主要包括以下内容：

第一，业务操作员应该严格按照凭证输入数据，不得擅自修改已复核的凭证数据，如发现差错，应在复核前及时修改或向系统管理员反映。已输入计算机的数据，在登账前发现差错，可由业务操作人员改正；如在登账之后发现差错，必须另做凭证，以红字冲销，录入计算机。

第二，除了软件维护人员之外，其他人员不得直接打开数据库进行操作，不允许随意增删和修改数据、源程序和数据库结构。

第三，不允许软件开发人员进入实际运行的业务系统操作。

第四，系统软件、系统开发的文档资料，均由系统管理员负责并指定专人保管，未经系统管理员许可，其他人员不得擅自复制、修改和借出。

第五，存档的数据介质、账表、凭证等各种文档资料，由档案管理员按规定统一复制、核对、保管。

第六，系统维护人员必须按有关的维护规定进行操作。

2.操作规程

操作规程主要指操作运行系统时应注意的事项，它们是保证系统正确、安全运行，防止各种差错的有力措施，主要包括以下内容：

第一，各操作使用人员在上机操作前后，应进行上机操作登记（会计软件中有自动记录可不进行登记），填写姓名、上机时间和下机时间、操作内容，供系统管理员检查核实。

．

第二，操作人员的操作密码要绝对保密，不能泄露。

第三，操作人员必须严格按照操作权限操作，不得越权或擅自上机操作。

第四，每次上机完毕，应及时做好所需的各项备份工作，以防发生意外事故破坏数据。

第五，未经批准，不得使用格式化、删除等命令或功能，更不允许使用系统级工具对系统进行分析或修改系统参数。

第六，不能使用来历不明的存储介质，不能进行各种非法拷贝工作，以防止计算机病毒的传入。

（二）操作制度设计举例

第一，上机人员必须是会计信息系统的有权使用人员，在培训合格并得到财务主管正式认可后，才可以上机操作。

第二，操作人员上机操作前后，应进行上机操作登记，填写真实姓名、上机时间、退机时间、操作内容，供系统管理员检查核实。

第三，操作人员的操作密码要绝对保密，不能泄露；密码要不定期变更；密码由数字和字母组合而成，长度不得少于 6 位；密码使用期限不要超过 3 个月。

第四，操作人员必须严格按操作权限操作，不得越权或擅自进入非指定系统操作。

第五，操作人员应严格按照凭证输入数据，不得擅自修改凭证数据。

第六，每次上机工作完毕后都要做好数据备份，以防发生意外事故。

第七，在系统运行过程中，操作人员如要离开工作机器，必须在离开前退出系统，以防其他人越权操作。

第八，工作期间，不得从事与工作无关的内容。

（三）操作规程设计举例

第一，开机与关机。开机顺序：显示器、主机、打印机；逆序为关机顺序。

第二，严禁在开机通电时插拔显示器、打印机、键盘和鼠标等的电缆线。

第三，严禁在硬盘、光盘驱动器等存储介质工作指示灯亮时关机或断电。

第四，关机后，至少要间隔一分钟，才能重新开机。

第五，不准使用外来存储介质和无版权的非法软件；存储介质不得私自带出，防止技术经济信息泄密。如果确实需要使用外来存储介质及相关软件，必须经管理人员同意并检查无病毒后才可使用。不经检查私自使用，使机器染上病毒者，按传播病毒严肃处理。

第六，计算机硬盘中安装的是公共文件，上机人员不能进行删除、更名和隐含等操作；上机人员自己的文件和数据必须存入子目录中使用并由自己备份，系统管理人员将定期清理计算机硬盘，删除非公共文件和数据。

第七，严禁在计算机上玩游戏或利用聊天工具做与工作无关的事情。

第八，未经允许，不得通过互联网下载任何软件或文档。

（四）计算机病毒管理制度设计举例

为了对加强设备和软件进行管理，保证计算机设备的完好性，保护计算机软件资源，防止计算机病毒，特制定本制度。

第一，必须坚持计算机使用登记制度。登记的栏目中包括计算机病毒的来源、表现形式及处理情况。

第二，如果发现计算机病毒，必须向管理人员反映，由管理人员向有关部门汇报。

第三，没有连接互联网权限的人，不能私自上网，不能从网上下载软件和资料，如确有需要，应报领导批准，并在独立的机器上进行。

第四，严禁在计算机上玩游戏，以减少病毒的传播渠道。

第五，外来存储介质及软件必须进行计算机病毒检查，无毒后方可使用。未经许可带入的存储介质一律没收。

第六，严禁使用无版权的非法软件。

第七，禁止在计算机上进行有关计算机病毒的研究和制造，一经发现有意制造和传播计算机病毒、破坏计算机系统者，将上报有关部门处理。

第八，严禁上机人员使用工具软件或自编程序进入、观察、修改、研究计算机硬盘的分区表、目录区信息等危及计算机安全的行为。

四、计算机替代手工记账

采用电子计算机替代手工记账，是指应用会计软件输入会计数据，由电子计算机对会计数据进行处理，并打印输出会计账簿和报表。计算机替代手工记账是会计信息化的基本目标之一。采用电子计算机替代手工记账的企业，应当具备以下基本条件：

第一，配有适用的会计软件，而且计算机与手工进行会计核算双轨运行要在三个月以上；除此之外，计算机与手工核算的数据要一致，软件运行安全可靠。

第二，配有专用的或主要用于会计核算工作的计算机。

第三，配有与会计信息化工作需要相适应的专职人员，其中上机操作人员需具备会计信息化初级以上专业知识和操作技能，并取得财政部门核发的有关培训合格证书。

第四，已建立健全内部管理制度，包括岗位分工制度、操作管理制度、机房管理制度、会计档案管理制度、会计数据与软件管理制度等。

计算机替代手工记账的过程是会计工作从手工核算向信息化核算的过渡阶段，由于计算机与手工并行工作，会计人员的工作强度较大，所以企业需要合理安排会计部门的工作，提高工作效率。

计算机与手工并行工作期间，会计部门可用计算机打印输出的记账凭证替代手工填制的记账凭证，然后根据有关规定进行审核并装订成册，据以登记手工账簿。如果计算机与手工核算结果不一致，要由专人查明原因并向本单位领导提交书面报告。一般来说，计算机与手工并行工作的时间在三个月左右。

在用计算机替代手工记账后，应该加强运行中的管理工作，使系统达到会计工作管理的需要。对于计算机替代手工记账，各地财政部门的具体规定有所不同，在替代手工记账前，企业需要咨询当地财政部门，按照相关要求办理。

第三节 会计信息系统的维护管理

一、会计信息系统维护管理的意义

要使会计信息系统正常、稳定、高效地运行，就要不断维护和优化核算系统。系统在设计时必然存在考虑不周的情况，系统在运行过程中也必然会出现各种问题，企业要及时维护系统。现有统计资料表明，在软件系统生命周期各部分的工作量中，软件维护的工作量一般占 50%以上。现有经验表明，维护工作要贯穿系统的整个生命周期，不断重复出现，直到系统过时或者报废为止。随着系统规模的扩大和复杂性的增加，维护费用在整个系统的建立与运行中的比例越来越大。维护是整个系统生命周期中最重要、最费时的工作。

系统维护包括硬件维护与软件维护两部分。软件维护主要包括正确性维护、适应性维护、完善性维护三种。正确性维护是指诊断和改正错误的过程；适应性维护是指当企业的会计工作发生变化时，为了适应工作需要而进行的软件修改活动；完善性维护是指为了满足用户增加功能或改进已有功能的需求而进行的软件修改活动。软件维护还可分为操作性维护与程序维护两种。操作性维护主要是指利用软件的各种自定义功能来修改软件的一些参数，以适应会计工作的变化，操作性维护实质上是一种适应性维护；程序维护主要是指需要修改程序的各项维护工作。

二、会计信息系统维护管理的内容

（一）系统维护的任务

第一，实施对硬件设备的日常检查和维护，以保证系统的正常运行。

第二，在系统发生故障时，排除故障和恢复运行。

第三，在系统扩充时负责安装、调试，直至运行正常。

第四，在系统环境发生变化时，随时做好适应性的维护工作。

（二）系统维护的负责人

在硬件维护工作中，较大的维护工作一般由销售厂商进行，使用单位一般只进行一些小的维护工作。会计部门一般不配备专职的硬件维护员，硬件维护员可由软件维护员，即通常所说的系统维护员担任。难度大一些的维护工作可交给信息中心完成。

使用通用化会计软件的单位，程序维护工作由软件厂商负责；单位负责操作性维护，一般不配备专职维护员，而由指定的系统维护员兼任。

自行开发会计软件的单位，应配备专职的系统维护员。系统维护员负责系统的硬件设备和软件的维护工作，及时排除故障，确保系统的正常运行；负责日常的各类代码、数据及源程序的改正性维护、适应性维护工作，有时还负责完善性维护工作。

（三）会计软件的维护与管理

第一，对于使用通用化会计软件的单位，程序修正和会计软件参数的调整一般由软件开发公司负责。

第二，操作人员运行的会计软件必须是经过编译的程序，数据库文件必须设有密码。

第三，程序修正与会计软件参数调整要有相关手续并设置操作人员的操作权限和密码，操作人员必须对自己的操作密码严格保密，不得泄露。

第四，会计数据的修正与恢复必须严格控制。

第五，会计软件的升级必须经过会计主管批准，由系统管理员组织、维护人员具体实施并编写升级报告，形成文档存入档案。

第六，会计软件的管理包括两方面：①会计部门在取得会计软件后必须做好多个备份，分别存放在档案室、机房和财务人员办公室的专用柜内。存放在档案室的备份软件由档案管理员管理，存放在其他两处的备份软件由系统管理员统一保管。②运行中的会计软件必须安装在计算机硬盘上，一般情况下不得重新安装。

（四）硬件维护的内容

第一，定期检查，并做好检查记录。

第二，在系统运行过程中，出现硬件故障时，要及时进行故障分析，并做好检查记录。

第三，在设备更新、扩充、修复后，由系统管理员与维护员共同研究，再由系统维护人员实施安装和调试。

（五）系统维护的操作权限

设置操作权限主要是为了明确哪些人能进行维护操作，何种情况下可进行维护。系统维护的操作权限主要包括以下内容：

第一，操作性维护一般由系统管理员或指定的专人负责，业务操作员、档案管理员等其他人员不得进行操作性维护。系统管理员可进行操作性维护，但不能进行程序维护。

第二，不符合维护规定手续的不允许进行软件修改操作。

第三，在一般情况下，维护操作不可以影响系统的正常运行。

第四，不得进行任何未做登记记录的软件、硬件维护操作。

（六）软件的修改手续

为了防止各种非法修改软件的行为，对软件进行修改前要检查审批手续。修改手续主要包括以下内容：

第一，由系统管理员提出软件修改请求报告。

第二，由有关领导审批请求报告。

第三，以前的源程序清单存档。

第四，手续完备后，实施软件的修改。

第五，软件修改后形成新的文档资料。

第六，发出软件修改后使用变更通知。

第七，进行软件修改后的试运行。

第八，根据运行的情况作出总结并修改文档资料。

第九，发出软件修改后正式运行的通知。

第十，对软件和源程序进行新的备份，并将其同定稿的文档资料一起存档。文档资料主要包括维护的审批人、提请人、维护人的姓名、维护时间、修改原因、修改的内容、修改后的情况。

第四节 会计信息系统的档案管理

一、会计信息系统档案管理的意义

会计信息系统的档案主要包括打印输出的各种账簿、报表、凭证，存有会计数据和程序的存储介质，系统开发运行中编制的各种文档，以及其他会计资料。会计信息系统的档案管理在整个会计信息化工作中起着重要的作用。

（一）良好的档案管理是连续进行会计工作的保障

会计信息系统的档案是各项经济活动的历史记录，也是检查各种责任事故的依据。会计信息系统的档案只有得到良好的保存，才能连续反映单位的经济情况，才能反映单位在经营管理过程中出现的各种弊端、差错、不足，才能保证信息的合理利用，才能保证系统操作的正确性和系统的可维护性。

（二）良好的档案管理是会计信息系统维护的保证

在会计信息系统的档案中，各种开发文档是其中的重要内容。对信息化的会计系统来说，其维护工作有以下特点：

第一，理解他人写的程序通常非常困难，而且软件文档越不全，就越不符合要求，理解也就越困难。

第二，会计信息系统是一个非常庞大的系统，即使仅是其中的一个子系统，也是非常复杂的，而且还涵盖了会计与计算机两方面的专业知识，因此了解与维护系统是非常困难的。

如果没有保存完整的系统开发文档，系统的维护工作将非常困难，甚至不可能完成。如果出现这样的情况，将很可能导致系统长期停止运转，严重影响会计工作的连续性。

良好的档案管理是保证系统内数据信息安全、完整的关键环节。当系统程序、数据出现故障时，企业通常需要利用备份的程序与数据进行恢复；当系统要处理计算机内没有的数据时，企业需要将备份的数据拷贝到计算机内。除此之外，系统的维护也需要各种开发文档。因此，保存良好的档案是保证系统内数据信息安全、完整的关键环节。

良好的档案管理是会计信息得以充分利用，更好地为管理服务的保证。让会计人员从繁杂的事务性工作中解脱出来，充分利用计算机的优势，及时为管理人员提供各种管理决策信息是会计信息化的最高目标。"巧妇难为无米之炊"，因此企业必须将会计数据保存完整。只有进行良好的档案管理，企业才能在出现各种系统故障时，及时恢复被毁坏的数据；只有保存完整的会计数据，企业才可能利用各个时期的数据，进行对比分析、趋势分析、决策分析等。

二、会计信息系统档案管理的任务

（一）监督、保证按要求生成各种档案

按要求生成各种档案是档案管理的基本任务。一般来说，各种开发文档应由开发人员编制，而会计部门负责监督开发人员提供完整、符合要求的文档；各种会计报表与凭证应按国家的要求打印输出；各种会计数据应定期备份，重要的数据应强制备份；计算机源程序应有多个备份。

（二）保证各种档案的安全与保密

会计信息是加强经济管理、处理各方面经济关系的重要依据，绝不允许随意泄露、破坏和遗失。各种会计信息资料的丢失与破坏都会影响会计信息的安全与保密；各种开发文档及程序的丢失与破坏都会危及系统的运行，从而危及系统中会计信息的安全与完整性。所以，各种档案的安全与保密都与会计信息的安全密切相关，人们应该加强档案管理，保证各种档案的安全与保密。

（三）保证各种档案得到合理、有效的利用

档案中的会计信息资料是企业了解自身经济情况、进行分析决策的依据；各种开发文档是系统维护的保障；各种会计信息资料及系统程序是系统出现故障时恢复系统、保证系统连续运行的保证。

三、会计信息系统档案的生成与管理办法

（一）记账凭证的生成与管理

计算机代替手工记账的单位，其记账凭证有以下两种：

1.由原始凭证直接录入计算机，计算机打印输出

在这种情况下，记账凭证上应有录入人员的签名或盖章、稽核人员的签名或盖章、会计主管人员的签名或盖章；有关姓名也可由计算机打印生成；收付款记账凭证还应有

出纳人员签名或盖章。打印生成的记账凭证应视同手工填制的记账凭证，按《会计档案管理办法》的有关规定立卷归档保管。

2.事先做好手工记账凭证，计算机录入记账凭证后再处理

在这种情况下，保存手工记账凭证与机制记账凭证皆可。如保存手工记账凭证，其处理与保管办法可按《会计档案管理办法》的有关规定进行；如保存机制记账凭证，其处理与保管办法与由计算机生成记账凭证的处理与保管办法相同。需要强调的是，在计算机记账后发现记账凭证录入错误时，保存手工记账凭证的，需同时保存为进行冲账处理而编制的手工记账凭证；保存机制记账凭证的，需同时保存进行冲账处理而编制的机制记账凭证。

（二）会计账簿、报表的生成与管理

已由计算机全部或部分代替手工记账的，其会计账簿、报表以计算机打印的书面形式保存，保存期限应符合《会计档案管理办法》的规定。但考虑到计算机打印的特殊情况，财政部在会计资料生成方面进行了一些灵活规定：除日记账要每天打印外，一般账簿可以根据实际情况和工作需要按月或按季、按年打印；业务少的账簿，可满页打印；现金、银行存款账可采用计算机打印输出的活页账页装订。

（三）存储介质的管理

存有会计信息的存储介质，在未打印成书面形式输出之前，应妥善保管并留有副本。一般来说，为了便于利用计算机进行查询及在会计信息系统出现故障时进行恢复，这些介质都应视同相应会计资料或档案进行保存，直至会计信息完全过时为止。

（四）系统开发的文档资料的管理

系统开发的全套文档资料，视同会计档案保管，保管期截至该系统停止使用或有重大更改之后的五年。

四、会计信息系统档案管理制度

档案管理一般通过制定与实施档案管理制度来实现。档案管理制度内容具体包括以

下几方面：

第一，存档的手续。主要指各种审批手续，比如打印输出的账表必须有会计主管、系统管理员的签章。

第二，各种安全保证措施。比如备份的刻录光盘应贴有保护标签，并存放在安全、洁净、防热、防潮的场所。

第三，档案管理员的职责与权限。

第四，档案的分类管理办法。

第五，档案使用的各种审批手续。比如调用源程序应有相关人员的审批，并应记录调用人员的姓名、调用内容、归还日期等。

第六，各类文档的保存期限及销毁手续。比如打印输出的账簿应按《会计档案管理办法》规定的保管期限进行保管。

第七，档案的保密规定。

五、会计信息系统档案管理举例

（一）会计信息系统档案的收集和整理

1.会计凭证的收集和整理

会计凭证是会计档案的重要组成部分，是记载经济活动的书面证明，是会计核算的重要依据。企业要对凭证做到装订整齐、完整、牢固，妥善保管，便于查阅。

第一，要把所有应归档的会计凭证收集齐全，并按凭证顺序号和本号检查有无短缺，检查机制凭证和手工凭证是否齐全，剔除不属于会计档案范围和没必要归档的一些资料，补充遗漏的、必不可少的核算资料。

第二，通过主要负责凭证打印、装订工作的人员办理存档手续。

第三，根据适当厚度按本统一装订，避免装订过厚或过薄。

第四，认真填好会计凭证封面，封面各记事栏是事后查找有关事项的最基础的索引和依据。

2.会计账簿的收集和整理

会计账簿是指由计算机提供的打印功能打印出的总账、明细账、日记账等，各业务口的会计账簿由各业务经办人打印并保管。年终时，财务人员必须将一年的会计账簿都打印出来，统一整理，交给档案管理员办理存档手续。档案管理员要检查打印的会计账簿是否按序号打印，是否有残缺、有遗漏，然后将各账簿按照会计科目排列，最后加封面装订成册。需要注意的是，会计账簿封面的有关内容要写全，如"单位名称"要写全称；"账簿名称"要写账簿的全称，不要写科目代码；"账簿页数"要写账的有效页数；会计主管人员和记账员都要盖章或签字。

3.会计报表的收集和整理

会计报表是指由计算机根据主管部门统一规定的设计格式打印出的外部报表，由主管报表的人员统一收集、整理和保存。年终时，主管报表的人员要将全年的会计报表交给档案管理员办理存档。在检查无误后，档案管理员要按时间顺序将会计报表加封面后装订成册。封面要逐项写明报表名称、页数、日期等。会计报表经会计负责人审核盖章后方可归档保存。

4.开发文档资料的收集和整理

会计信息系统的开发文档资料，视同会计档案。开发文档资料由开发人员根据系统开发进展程度统一收集、整理并交档案管理员存档。对于使用通用会计软件的单位，其所购买软件的使用手册、合同等都应存档。

5.存储介质数据的收集和整理

存储在硬盘上的会计数据必须建立存储介质备份。账务数据和报表数据的备份数据由系统管理员统一建立，备份次数为每月不得少于一次。备份存储介质应交档案管理员办理存档手续，用作备份的存储介质必须妥善保管。备份介质应贴上标签并用印章或封条签封；存储介质要存放在安全、洁净、防热、防潮、防磁的场所。

（二）会计信息系统档案的保管和利用

第一，只有由会计软件提供的打印功能打印出的会计凭证、会计账簿、会计报表等核算资料，在经过主管领导和管理员的签字或盖章认可后，才能作为正式的书面档案资料保存。带有"查询"字样的会计凭证、会计账簿等会计核算资料不能作为正式的书面档案资料保存，有特殊情况时，应附上说明并经主管领导签字确认。

第二，会计软件打印出的会计档案发生缺损时，必须补充打印，并由操作使用人员在打印输出的页面上签字或盖章说明，再由管理员签字或盖章认可。

第三，各业务经办人与档案管理员在办理存档手续时，必须填写"档案移交登记表"，以明确责任。

第四，在存档和查阅备份的存储介质时，相关人员必须填写档案移交登记表和档案查阅登记表。磁（光）盘会计数据的外借使用，必须经主管领导批准，并只能使用备份介质的副本，正式备份介质不得外借使用。

第五，对于硬盘上的会计数据和正式档案备份介质上的数据，不得直接进行非会计系统许可的任何操作。

第六，必须加强会计档案的保密工作，任何人如有伪造、非法涂改账册，故意毁坏数据文件、备份存储介质和装有会计数据的计算机系统的行为，则会受到行政处分，情节严重者将被追究法律责任。

第五节 会计软件数据接口标准

一、制定标准的过程和意义

目前，国内使用的会计软件有三种：第一种是国外的会计软件或 ERP 中的会计模块；第二种是国内的商品化会计软件；第三种是一些定点开发或自行开发的项目型会计软件。各软件采用不同的数据库平台和独立设计的数据库结构，从而形成了自己的体系。由于各种软件之间不能互相交换数据，所以各会计软件之间就形成了数据孤岛，这给其他需要利用会计数据的软件造成了障碍。为获取会计软件的数据，企业不得不采用各种方法，但从整个社会的角度看，这就是一种浪费，同时也影响了软件业本身的发展。

1998 年，中国软件行业协会财务及企业管理软件分会编制了《财务软件数据接口标准 98—001 号》，在一段时间内起到了一定的规范作用。上海市质量技术监督局于 2002 年发布并施行了《信息技术会计核算软件数据接口规范》。为使会计软件数据接口能在更大范围内执行和应用，满足会计软件和其他软件的发展要求，2004 年，审计署、财政部、国家标准化管理委员会制定和发布了《信息技术会计核算软件数据接口》

（GB/T19581—2004）。这一标准的发布，推动了整个软件业的发展。

2008年，国家标准化管理委员会又专门成立了审计信息化标准化技术委员会，长期推动审计信息化的有关标准制定工作。之后，审计信息化标准化技术委员会将继续修订已经推出的数据接口标准，同时推出相关模块的会计软件和ERP相关的数据接口标准。

制定审计信息化的有关标准的意义如下：

第一，有利于规范财务软件市场，增进财务软件之间的交流，进一步推动会计电算化的普及和发展。会计电算化的目的之一就是会计信息完全电子化，即对会计信息的收集、加工、传送、保存与再现均用电子化的方式实现。由于各财务软件厂家的软件产品的数据结构不同，即使是同一厂家的同一类软件产品，不同版本的产品数据结构也不完全相同，早期版本的数据备份未必能在若干年后更高的版本中读出。该标准制定后，只要是符合该标准的会计核算软件，无论是同一厂家还是不同厂家、不同版本的产品，都能实现信息互通、共享，这增进了财务软件之间的交流，规范了财务软件市场，推动了会计电算化的普及和发展。

第二，有利于会计软件产业的发展，促使一般会计核算软件向会计信息系统甚至管理信息系统转化，促使财务软件从事务型向管理型和决策型发展。就目前状况而言，我国的财务软件和国外先进的财务软件相比，无论是在深度上还是广度上都有不小的差距。除了我国财务软件起步晚、用户水平低外，其主要原因是，我国的财务软件厂商为保住自己的用户，对自己产品的数据存储格式进行保密，以致该软件所含的信息不能被其他厂商使用，从而将财务软件市场人为割裂，减缓了新产品的推出速度。当前，会计核算软件正朝着会计信息系统、管理信息系统转化，正在从事务型向管理型和决策型发展。如果会计核算软件的数据输出不能标准化，不同会计核算软件的数据不能共享，必将导致管理型和决策型会计软件市场规模变小，从而降低财务软件厂商开发高层次的会计软件的积极性。

第三，有利于保护会计核算软件用户的利益，为用户的特殊需求和二次开发提供数据接口。当前，越来越多的企业正在向集团化、多元化发展，普通的会计核算软件已经不能满足它们的需要。由于我国的管理型和决策型会计商品化软件市场尚未形成规模，所以这些企业通常需要对已使用的会计核算软件进行二次开发，以发展自己的管理型和决策型会计软件或管理信息系统软件。如果没有标准的数据接口，原会计核算数据就无法使用。

第四，有利于政府和行业主管部门加强编制汇总和合并报表，加强监督和宏观调控。

政府或行业主管部门对有关部门财务信息进行汇总、监督是管理上的需要。然而，由于财务软件不同的数据结构不便于信息汇总和监督，因此增加了政府或行业主管部门进行财务监督和宏观调控的难度。

第五，有利于财务软件厂商自身的发展，便于财务软件的交叉升级和不同财务软件厂商的产品在同一环境内集成工作。商品化会计核算软件已经发展了数十年，一些功能落后、服务跟不上的会计核算软件将逐渐被淘汰。因此，对那些财务软件性能比较先进的厂商来说，其潜在用户不仅有从未使用过财务软件的企业，还有已使用财务软件但觉得其功能不够用、性能比较差的企业，把这些潜在用户累积的数据转换到新系统将是一件很重要又很麻烦的事情，标准化的数据接口将使其变得轻而易举。

第六，有利于审计软件市场的发展。审计软件运行的前提是能打开被审计单位的电子数据（包括会计核算数据），但由于不同的被审计单位电子数据的数据结构不同，所以审计软件难以发挥其作用，从而阻碍审计软件市场的发展。

第七，有利于我国与国际会计准则接轨。随着跨国资本、跨国公司进入我国的速度加快，建立具有我国自主知识产权的技术标准体系，有利于我国利用技术堡垒保护民族和国家利益。

二、标准的主要技术内容

各种会计软件保存会计核算数据的数据模式不尽相同，但可以从中归纳出共有的数据模式。具体地讲，会计核算数据主要包括电子账簿、会计科目、科目余额、记账凭证、应收应付、工资、固定资产、报表等部分，它们之间既相互独立又密切相关，构成有机统一的会计核算体系和信息体系，这就为会计核算软件数据接口标准的建立奠定了基础。将编制的数据项目按照一定的方式组织起来，就可以形成标准的数据体系。标准数据输出的格式为 XML（eXtensible Markup Language，可扩展标记语言）格式。

三、使用会计软件接口标准能够达到的目的

（一）满足财政、审计、税务等有关部门对会计数据不同标准化的需要

现在，有关部门已经实现信息化管理，并将信息技术应用于具体的业务管理工作，因此某些工作与企事业单位的会计数据联系密切。如审计软件运行的前提是应用被审计单位的有关电子数据（包括会计核算数据），但由于不同被审计单位的数据结构不同，采用的数据库系统也不同，这就需要使用会计数据接口。

政府或行业主管部门可以通过对有关部门会计信息进行汇总、分析实现宏观管理。然而，由于历史原因和多种因素，在一定时期内，完全采用同种软件是不太可能实现的，多种软件并存的情况甚至会长期存在。如在一个集团企业中，集团总部和下属较大的单位可能采用国外的一些大型 ERP 软件，而部分中型单位可能采用国内的中型 ERP 软件，而部分小型单位则可能采用小型的会计软件。由于费用等多种因素，必然会导致多种软件并存的局面。通过会计数据标准接口，软件的输出数据就可以归一化，从而达到统一汇总、分析的目的，或用于其他方面。

（二）满足使用单位二次开发的需要

使用单位内部也可能存在多种软件并存的情况，如会计软件是一种，而采购软件、销售软件等是另一种。因此，会计软件与其他软件之间也需要接口。集团企业，也有可能使用多种会计软件，在此情况下，集团企业需要对多种会计软件的数据进行统一的汇总和分析，或者用于内部审计、统计、计划等多个方面。

所以，企业在需要时可进行其他软件的开发，并通过接口进行数据交换，避免每个软件只有一个接口。

（三）满足其他相关软件的需要

现在，会计师事务所、咨询公司、金融单位等在对具体单位进行审查、咨询、评估时，都要使用相关的业务分析和处理软件。这些软件需要以会计数据为基础，只有会计数据提供方的软件支持接口标准，相关单位才可以通过接口标准交换数据。

通过会计软件数据接口标准，企业可以建立自己的会计数据资源库，不管是使用一

种软件，还是多种软件，只要满足接口标准的要求，都很容易建立。在此基础上，采用有关的分析软件或编制相关软件就变得十分容易。因此，从长期看，建立本单位的会计数据资源库（或称"数据仓库"）有很大好处。

第四章 管理会计信息化建设研究

第一节 管理会计信息化概述

一、管理会计信息化的相关概念界定

会计信息化本质上是会计与信息化的完美结合。换言之，就是利用信息技术对传统会计模式进行调整，将企业的会计数据作为管理信息系统的资源，构建信息技术。借助网络平台，信息系统可以自动处理公司的正常业务活动，设立信息共享中心，实时报告和共享公司会计信息。这不仅是一种帮助企业会计师适应最新信息技术环境的会计新思维，也是将最先进的信息技术应用于管理会计的划时代变革。

过去使用的电算化会计技术只是简单地取代了手工会计程序，并没有真正地打破传统的思想框架。但是，目前提倡的管理会计信息化和会计电算化是完全不同的技术。管理会计信息化可以说是在会计电算化、会计信息系统等传统观念的基础上发展起来的新生事物，这是大数据时代企业会计适应时代发展浪潮的必要举措。管理会计信息化建设是企业中高层管理人员通过"互联网＋"平台获取信息的主要渠道，可以帮助企业有效应对传统会计电算化技术中的"信息孤岛"情况，同时可以提高业务效率，充分发挥会计、管理会计对中高层管理人员的辅助作用；在企业的决策过程中，可以提高企业的决策效率和价值。

目前，人们的生活环境充满了竞争，除了掌握基本的会计知识和现有的会计电算化技术，各级各类企业的财务会计师还要不断扩大学习范围，学习更多与企业管理会计信息化建设相关的理论，如通信技术基础理论、决策过程、行为因素、组织理念等。虽然我国没有给出具体的管理会计信息化的定义，对其研究还有待进一步深入，但管理会计

信息化是不可阻挡的发展趋势。管理会计信息化建设对重点会计的发展和会计在企业未来的定位都将产生极其重要的影响。

（一）全面预算管理

1.全面预算管理的概念

19世纪初，全面预算管理模式被美国的通用电气公司、杜邦财务有限公司用作协调不同部门权利和责任的一种通用工具，以及制定业务管理计划的通用工具。全面预算管理逐渐演变为多功能的战略性财务管理工具。

在当今这个时代，全面预算管理是一种管理工具，可以对企业当前的经营状况进行全面预测，同时帮助企业实现其战略目标，提高运营效率。全面预算管理可以根据企业战略规划，制定详细周密的年度预算指标，及时反馈并调整预算执行过程。同时，将实际绩效指标与预算指标进行对比，多维度分析数据差异的原因，及时调整决策，使决策科学合理，与企业战略规划相一致。

全面预算管理的核心是实现企业战略目标。这就需要对企业的不同资源进行量化筛选，精准定位市场行情和行业标准，从企业战略高度执行预算运营。在控制各项业务费用和评估业务绩效时，以预算指标为指标，明确业务不同部分之间的权利和责任，确保各业务部门之间业务顺畅，避免冲突、矛盾和可能发生的摩擦。在实现预算和控制目标的同时，协调企业内部关系。

2.全面预算管理组织体系

全面预算管理组织体系是由参与企业全面预算管理的核心机构组成的系统，负责预算编制、审查、审批、核准、实施、监督、分析、调整和评价预算计划的有效性。它包括预算决策机构、预算编制机构和预算执行机构，三者共同努力，确保有效的整体预算管理。

预算决策机构：预算管理委员会。根据战略方向规划总体预算目标，建立预算管理体系，根据环境变化分析调整公司预算计划。经董事会批准后，预算计划将送至预算管理办公室。

预算编制机构：预算管理司。负责与公司预算相关的日常工作，包括定期报告预算管理、组织协调预算编制过程、分析跨部门预算差异等工作。

预算执行机构：各责任部门。负责预算编制和实施，主要职责包括编制部门内部预算和具体执行经批准的预算计划。

预算管理机构：预算管理委员会。确定业务发展战略的总体目标，下达组织的年度总体预算目标；编制预算规划并报给预算编制机构审批、分析、调整。经股东大会和董事会批准后，将预算方案下达至预算编制机构和责任部门。

预算管理机构和预算管理办公室是前者和后者的纽带，其主要职责有：为机构制定预算编制规则和预算目标；对各部门的预算计划进行汇总、核实和审查；向预算管理委员会和股东大会报告；及时分析处理预算执行过程中存在的差异。

管理预算的执行机构和各级责任部门是预算管理的主力军，其主要职责有：制定详细的预算编制计划，能够按照业务预算的具体要求开展工作；制定相关目标和独特的商业计划，并报总预算管理办公室；严格执行批准后的预算计划。

3.全面预算管理的评价

对企业预算进行综合管理，明确企业的主要战略目标，对企业的年度经营做出相应调整，有利于企业年度经营计划的实现，更有利于企业各部门与下属的沟通交流，并通过共同交流达成共识，加深部门和员工对企业年度目标的了解；为评估员工绩效、促使他们的行为与企业的战略目标保持一致提供关键依据，这对业务经理有更高的要求，要求他们可以及时发现市场资源和价格的变化，并找出实现战略和预算目标的渠道；协调企业有限资源的使用，促进企业人力、财力、物力资源的高效配置，提高资源利用效率；有效监管企业，以确保企业完成其年度业务计划。全面预算监控方法有利于企业将收集的管理信息组织起来并上报给高级管理机构；有助于企业建立紧急信息数据库，提高企业经营管理的灵活性。

但是，全面预算管理的编制过程复杂烦琐，对企业的运行机制、管理能力和内部控制水平都提出了较高的要求。全面预算的作用是战略、业务运营和业务成果的有效结合，需要对业务进行一定程度的集中管理。

（二）全面成本管理

1.全面成本管理的概念

成本管理最早出现于18世纪英国工业革命时期，随着制造业的发展，成本管理理论使企业的生产制造成本管理走上了正轨。随后，标准成本法、直接成本法等成本管理会计方法相继出现，成本管理理论框架基本形成。20世纪以后，随着科技的不断创新和成本管理信息系统的出现，企业纷纷转向更先进的成本管理方法。之后，全面成本管理理论诞生了。随着企业管理的发展，该理论不断更新，并补充了战略管理、预算管理等综合性内容，使成本管理更加科学、完整。

全面成本管理是利用一定的技术方法对企业和企业项目的成本要素进行计划、预算、管理和控制，帮助企业实现既定目标的现代技术战略。全面成本管理的核心是遵循企业内部成本数据流的运行规律，改善成本结构，合理减少成本投入，以实现全流程、全要素、实时、规范的成本管理。信息化下的综合成本管理更加注重成本数据的灵活性。成本管理数据贯穿标准企业成本计划、成本预算、实际成本核算、成本核算、成本分析与反馈的全过程。

2.全面成本管理原则

全面成本管理的实施遵循"三全"原则，即全过程管理、全员参与、全要素管理，具有全程化、全员化、责任化的特征。

全过程管理，也称全生命周期管理。作为一种主动管理方式，总成本管理依靠全面的预算管理，对整个企业的业务流程进行全过程控制。对于制造企业而言，成本管理流程包括发展规划、产品制造、零部件材料采购、仓储管理、物流配送、基础设施建设、项目运营、营销等环节。它有针对性地对管理对象、业务流程和项目阶段进行系统和完整的成本管理。

全员参与，即全面成本管理要求企业全体员工树立人人参与成本管理控制的理念，增强成本责任意识，积极参与企业的成本管理活动。这就要求企业在各个层面、各个组织单位、各个部门进行成本管理，使其明确各自的职能和职责，同时对所有员工实施有效的成本管理和分级分类管理，确保全员积极参与全面成本管理。将全面成本管理与绩效考核挂钩，建立成本管理责任制，负责各经营部门成本核算，根据部门预算指标和目标成本分配成本预算、任务预算，对各单位负责成本进行绩效考核，成本绩效结果根据员工的预算执行。

全要素管理，即全面成本管理是对企业生产经营活动中影响成本核算的全要素进行管理控制，对全部要素展开全生命周期的成本管控活动。影响企业项目、业务和订单方面成本的因素有很多，不仅仅需要控制生产制造流程中的成本要素，还要考虑企业日常活动中的其他成本项目，如产品质量成本、资金时间成本等，要实现对全部要素成本的统一管理。全要素成本管理的原则不是对全部成本进行无差别的成本管理，而是要根据项目、业务特性，确定成本的重要性，从而决定成本管理的优先程度。

3.全面成本管理的评价

基于企业长期战略目标的全面成本管理，为企业构建价值链体系，统一企业不同的经营活动，创造整体成本优势。通过价值链分析，人们能够更好地控制成本，从而形成明显的竞争优势，提升企业的核心竞争力，收集和分析同类企业的成本信息；有利于企业的成本计算、分析和决策，支持企业经营战略的实施，促进企业经济利益的提高。另外，人们使用约束理论和合理的方法可以显著降低企业的库存水平，提高生产成本预算的准确性。

但是，全面成本管理的有效实施需要企业领导者巩固现代成本管理理念，建立健全制度机制，保障管理成本。企业负责成本管理的同时，还要及时收集和处理成本数据，这就需要企业建立各种信息系统的集成平台。

（三）绩效管理

1.绩效管理概念

绩效管理是一种以实现企业战略目标为前提，通过对员工进行协调沟通、标准管理，强化员工对企业目标的认同度和理解度，帮助企业完成发展目标的一种管理手段。绩效管理通过设定绩效指标，细化企业对部门的工作安排和管理流程，以提升部门工作效率和企业整体运行效率。

企业运用绩效管理建立有效的激励机制，可以充分调动员工的工作积极性，发挥其职业潜能，鼓励员工积极提高就业能力和职业素质，起到提升个人绩效、帮助企业招聘的作用。为部门设定相应的目标，鼓励员工合理利用部门资源，充分发挥个人主观能动性，支持部门既定目标的实现。绩效管理需要建立与企业经营管理情况和公司发展阶段相适应的目标，将经营目标分配到企业的具体部门和个人组织，从而实现企业的战略目标，形成良性机制。

绩效管理在实践中也存在以下局限性：

第一，科学的绩效管理机制要与企业的发展阶段相匹配，否则会降低组织部门的绩效，影响员工团结和部门凝聚力，带来一系列负面效果。

第二，绩效管理的有效实施对企业的管理能力提出了较高的要求，需要企业具备完善的内部控制和预算管理机制、科学的战略目标、公平公正的权责划定和薪酬制度。

第三，绩效管理中可能会出现员工过度追求高绩效而采取违规行为的情况，这就需要企业对员工进行绩效管理理念的指导和沟通，同时建立科学完备的监督、责任机制和绩效反馈机制。

第四，绩效考核中可能出现"重成果、轻过程"的现象，需要企业动态调整绩效指标，实现对经营管理过程的有效控制。

第五，绩效管理的目标设定难度大，存在难以确定长期目标、指标难以量化等问题。

2.关键绩效指标理论

关键绩效指标理论是一种绩效管理理论，它分析和量化企业的战略目标，以规定不同职位、不同部门和不同地点员工的关键工作行为。关键绩效指标法可以让组织明确其职责，同时将责任转移给内部员工，并对内部员工的工作进行定量评价，这有助于激励组织实现年度目标，帮助企业实施绩效管理。关键绩效的关键控制点应遵循 SMART 原则，即具体、可量化、可实现、相关、及时。使用该原则进行绩效评估时，需要建立度量基准、确定关键绩效指标并提取可用的关键绩效指标。区分企业的关键流程和关键业务活动，确定这些关键控制点的绩效指标，然后由各组织单位负责人根据组织流程建立本级关键绩效指标，并细化到下一级关键绩效指标，直至最终形成最小的单元组件。

只有科学合理地设定企业组织目标，才能准确设定企业的关键绩效指标。指标和标准太多、太苛刻会降低员工的积极性和工作潜力；而目标和标准太松会使绩效评估方法效果不佳，失去效果。因此，关键绩效指标的重复或遗漏及指标标准将直接影响绩效管理的难度和有效性。需要注意的是，由于关键绩效是基于对企业战略目标的分析和量化，关键指标需要随着企业增长战略的变化及时调整。

3.目标管理理论

目标管理的概念由美国学者德鲁克引入，他指出目标对企业管理活动更具前瞻性，应该放在流程工作的起点。企业应根据科学合理的工作目标，引导员工有序、高效地工作，同时对员工完成目标的情况进行客观评价。与关键绩效指标法相比，它是一种在组织单位开展长期业务项目时辅助关键绩效履行其职能的绩效评价方法。目标管理的关键是组织单位在启动长期项目之前制定出工作目标。工作目标的设定需要单位领导和员工共同商讨决定，这有助于调动单位内部员工的积极性。在项目结束时，管理层将根据工作目标的完成情况对组织单位进行绩效评估。目标管理方法的核心是"三步走"：第一，确定企业的战略发展目标，确定目标设定的战略方向，进而为企业提供正确的前进方向；第二，细化和分离不同层次的目标，根据权限与员工一起制定标准，并在不同的职能层级、不同的责任中心和不同的业务流程中进行量化分析；第三，对目标完成情况进行评价，一般有定期检查和滚动检查两种方法，避免员工行为偏离目标。科学正确地处理目标管理的三个过程，可以起到增强各级员工责任感、挖掘员工工作潜力、激发员工工作热情的作用。

二、管理会计信息化的理论基础

（一）内部控制理论

内部控制理论的基本要素主要包括五个方面：信息与沟通、企业风险评估、内部环境条件、内部控制措施、监控系统。企业的内部控制可以看作一个控制过程。该过程的目的是确保企业各项管理制度、政策和措施能够得到执行；确保企业对外的会计数据更真实、更高效、质量更可靠；充分保证企业资产的完整性和安全性，充分发挥其作用；尽量控制业务的不同收入和支出，使业务价值最大化。

在社会化的生产环境中，内部控制的功能就像人类的中枢神经系统一样，是企业管理的重要系统。随着企业的发展，内部控制机制的重要性日益凸显。可以说，企业内部控制机制的健全与否直接关系着企业的成败。因此，人们需要充分认识内部控制制度对企业的重要作用。

（二）财务共享服务理论

财务共享是指依托信息化手段以财务业务处理流程为依托，秉承优化结构、规范流程、减少成本、提升效率、创造价值的理念，把企业的全部财务活动流程集中于一个特定的地点，由一个特定的平台来完成。其核心在于，通过集合企业内部多个独立运营单位的财务核算业务，合并形成职能专业的财务机构，运用统一的平台、规则、流程，向企业内部和外部提供增值服务或者免费的财务服务，实现降低运行成本、提高核算效率、创造财务核算附加值的目标。

财务共享服务中心（Financial Shared Service Center，简称 FSSC），是近年来在经济领域出现并流行起来的一种财务会计业务管理模式，这个模式应用于许多跨国公司和国内大型企业。这种模式来自一个非常简单的想法，"将企业集团不同部门的一些日常活动集中起来形成规模效应"，可以有效降低企业的经营成本。

财务共享服务中心虽然有很多传统金融实践没有的优势，但并不适合所有企业。服务中心要想成功有效地运营，企业必须具备强大的信息系统和充足的资金，同时还要有合理的业务管理模式和员工的支持。

（三）诺兰阶段模型

诺兰阶段模型由哈佛商学院理查德·诺兰教授于 20 世纪 70 年代末提出，是西方国家企业进行管理信息系统规划的指导性理论之一。该模型认为，企业及地区信息系统的发展具有一定的规律性，要经过从低级到高级的阶段性发展过程，各个阶段是循序渐进的。在对信息系统进行规划时，首先要明确自己所处的阶段水平，然后采取相应的策略。1979 年，诺兰教授将之前提出的四阶段理论改编为六阶段理论，即：初装阶段、蔓延阶段、控制阶段、集成阶段、数据管理阶段和成熟阶段。

诺兰六阶段模型把 200 多个部门或者企业的信息化系统的发展经验与规律等进行了详细的总结。对于每一个组织或者部门来说，实现以现代化计算机系统为根基的信息化系统，都是要从一个基础阶段发展、升华到另外一个全新阶段的。所以，企业无论是在制定管理会计信息化系统策略还是在进行管理会计信息化系统规划时，都必须先明确本企业当前处于哪一个成长阶段，从而根据该阶段的特征来指导当前的建设。

第二节 我国管理会计信息化发展体系研究

一、我国企业管理会计信息化的现状

目前，我国的管理会计信息化刚步入蓬勃发展轨道，我国大部分企业对管理会计信息化的建设缺乏足够的认识和关注，在管理会计信息化的建设过程中存在重视程度不够、经营管理体系不健全、应用模块孤立、内部控制薄弱、管理会计人员欠缺专业性知识、软件基础设施不成熟等问题。同时，由于我国管理会计起步较晚、对信息化认识不够深入、行业差异性大，所以管理会计信息化在企业中的应用存在以下问题：

（一）管理会计信息化意识薄弱

我国大部分企业对财务会计更加重视，对管理会计信息化意识较为薄弱，因此导致我国企业管理会计信息化的应用程度较低，信息化系统的功能性缺失，获取的管理会计信息质量差。

从应用范围上看，我国只有部分企业实现了信息化管理，这类企业大多是实力雄厚的集团公司。例如，海尔、华润等构建了成熟的管理会计信息化体系，满足了信息化系统的硬件设施标准，并实现了自动化办公。但是，中小型企业能做到信息化建设的很少。可以看出，我国企业对管理会计信息化的认识不足，信息化管理意识薄弱。

（二）管理会计信息化软件兼容性差

1.管理会计信息化软件缺少专业版本

我国信息化软件市场对管理会计信息化软件的开发尚未成熟，基本是将通用版本用于不同行业和企业，单独为企业量身定制的专业版信息化软件尚未流通。而我国企业为了安装专业版信息化系统，向软件开发商提出了定制需求，外包或者合作开发信息化系统。与市场上的通用版本相比，专业定制或合作研发的专业版本的优势显而易见，能够最大限度地满足企业差异化需求。但定制开发软件要面临巨额的研发费用和漫长的建设期，还需要企业拥有掌握专业知识的人才。同时，一个企业根据内部控制和经营管理的需要会建设多个信息化系统，选择的系统开发商不同，采用的信息化软件的工作流程和兼容系统也不同，这就很容易出现系统的重复研发和各系统间兼容性差的情况。

2.应用模块兼容性差

一般来说，管理会计信息化系统由一定数量的应用模块构成，但现有的信息化系统中的模块并不是整体配合、相辅相成，而是处于相对独立的状态。目前的信息化软件仅仅将子模块装进同一个信息化系统，而没有完全实现模块间的配合协作。单个子系统的应用只是负责该模块的运作需求，并没有响应整体系统的决策需要。由于各个应用模块的兼容性差，想要获取全面的财务数据，进行管理决策，需要相关财务人员将数据从各模块导出，再由人工输入会计信息化系统。兼容性差还会导致子模块间或不同系统间的信息数据出现差异，需要由财务人员进行数据核准和调整，这限制了数据的有效传输和分析处理，加重了财务部门月末的工作负担，影响工作效率，容易出现失误和偏差。当信息化系统出现模块兼容故障时，需要专业计算机人员进行维修。

数据的复杂运算和重复处理降低了会计的工作效率和信息精度，各模块间的低融合度制约了企业管理会计信息化的前进。没有完全实现智能化和集成化的信息系统给企业带来的不只是高额的运行和维护成本，还有企业资源的浪费，这些都不利于企业进行科学系统的运营管理。

（三）企业内部控制体系有缺陷

企业内部控制体系的不完善是造成管理会计信息化应用低的内部原因，由于内控、绩效评估等机制存在缺陷，使得管理会计信息化在企业的应用趋于形式化，不仅起不到良好的推动作用，还会影响系统的良好运行。例如，企业的组织机构安排不妥当，相关协作部门缺乏沟通，信息交流存在障碍，从而降低了管理效率，增加了数据传输出错率，不利于系统的良好运行。中国信息化软件市场提供的管理信息化软件对企业的规模、内控、监督机制提出了严格要求，需要企业建立正确的管理会计理念，根据自身情况选择合理的信息化系统，充分发挥管理会计的职能，从而帮助企业实现战略目标。

（四）缺少复合型财务人员

企业管理会计信息化的应用离不开复合型的财务人员，财务人员不仅要精通财务知识，还要熟练掌握管理、ERP系统等知识。当前，我国企业的财务人员的工作重心仍然是财务会计核算，管理会计工作所占比例比较小，这也决定了企业缺乏复合型财务人员，企业综合运用财务会计和管理会计的水平较低。同时，这也导致大部分财务人员或者即将从事财务工作的人员从事管理会计的意愿较低，市场上拥有财务知识和管理意识的复合型人才不断减少，管理会计人才缺口扩大。

（五）管理会计信息化数据应用水平低

1.信息范围笼统，缺少专业性

行业跨度大和企业经营管理的独立性使得管理会计信息化系统提供的数据面临多元化的要求，但我国国内管理会计信息化系统的软件市场为了满足大部分企业的需要，主要提供应用范围广泛的通用版本，对系统设定和数据要求较为松散模糊，这导致系统操作者需要将海量数据信息录入系统。系统缺少针对企业的专业性分析，只是经过通用的设定环节传递给信息使用者，从而得到稍作处理的数据，并不是核心数据，所以需要专业的财务人员利用职业判断进行筛选，这样才能得到有效的核心管理会计信息。

2.数据供应缺乏及时性

一般来说，大中型企业注重经营管理环节的信息化，对于前端生产制造流程，平台化管理尚未普及。中小型企业受限于整体规模，在基础环节就缺乏信息化管理。实现管理会计信息化的前提是系统能够及时采集并提供数据，换言之，数据采集要及时。然而，数据采集恰恰是我国企业在管理会计信息化建设中常见的问题，主要有以下原因：

第一，信息化系统对数据采集和提供的环节设置过于烦琐，数据传输效率低、耗时长，不能保证数据采集的及时性。

第二，人为手工操作的滞后性，财务人员在录入会计信息时存在冗余操作。

第三，企业未聘用专业的系统操作人员，通常让普通财务人员完成系统操作，财务人员由于专业技能的欠缺和自身工作较多，不能全身心投入数据录入工作，导致信息录入环节效率低下，结果不够严谨。

3.信息化系统数据分析水平低

系统的数据分析水平低意味着面对庞大的管理会计数据，企业欠缺从中挖掘有效信息或者总结规律的能力。在互联网领域，表现较好的是电子商务行业，如阿里巴巴、京东等电商企业，它们建立了网上购物平台，从消费者搜索、收藏和购买记录中获取海量数据，运用大数据工具对其进行分析后，为不同消费者提供偏好商品。然而，我国制造行业普遍存在分析能力较弱的情况，这也是我国大部分企业的现状。信息获取效率低、成果少，与企业现有管理会计信息化软件的功能性、适用性低息息相关。

4.削弱企业的决策有效性

管理会计的信息质量直接影响企业管理层的决策有效性。从信息化系统中获取的数据存在精确性不够的情况，甚至有偏差，这导致管理层获得的管理会计信息是错误的。信息系统运行缓慢、程序复杂，也会影响数据处理效率，从而对企业造成不良影响。而且管理会计信息具有特殊性，需要通过专业人员的同意才能从系统中间接获取。以上种种情形，削弱了企业决策的有效性。

二、我国企业管理会计信息化建设存在的问题

西方发达国家是管理会计的发源地，管理会计进入我国的时间比较短，就目前的情

况来看，在我国进行管理会计信息化建设难免要受到来自不同系统之间的差异性短板的制约，以及企业所处的内外部环境的影响。

（一）信息系统彼此之间兼容性差

现阶段，国家层面对企业进行管理会计信息化建设非常重视，为了积极响应国家号召，同时满足企业自身对利益的追求，大量的企业纷纷为自己引入了多种不同类型的信息系统，常见的有企业资源计划、客户关系管理系统、办公自动化系统等。然而，这些系统来自不同的软件厂商，使用了不同的技术支持手段，启用的时期也有所不同，难免会出现不同的系统之间兼容性比较差的问题，另外，由于技术手段千差万别，导致不同系统给出的数据资料也是无法统一的，这些问题给处于信息化初期的企业带来了不少的麻烦。因此，现在很多企业会出现一谈到"信息化"就"心生畏惧"的情况。

（二）外部环境影响

企业进行管理会计信息化建设时，必须充分考虑其自身所面对的外部环境，比如国家的政策法规、意识形态及有关的法律法规知识等。当前，为了保障各类企、事业单位扎实推进管理会计信息化建设，一系列的法律法规、指导意见等纷纷出台，然而各级各类企、事业单位能否顺时应势，全面落实管理会计信息化建设的任务和目标，仍需耐心等待。

（三）内部因素制约

企业是管理会计信息化的主体，因此企业内部条件的好坏直接关系到管理会计信息化建设的成败。

第一，企业领导者是否有足够的知识，并对建立管理会计信息的任务有极高的兴趣。企业内部领导对这一任务的态度直接关系到管理会计信息化实施的有效性。如果企业领导安于现状，不寻求突破，不愿意在这个任务上投入资金，甚至不想培养专业人才，基本上是不能推进会计信息化管理的。

第二，企业的职责分工、经营管理模式和经营理念对管理会计信息化的实施有很大的影响。如果企业不将严格的预算管理制度、有效的内部控制机制、绩效评价体系和企业的长期发展效益与管理会计信息化相结合，企业与建设管理相关的管理和会计信息任务将不可避免地改变利润率。

第三，企业信息化的支撑和设备的引进直接影响管理会计信息化的有效性。如果目标企业的信息化水平较高，信息系统使用率高，就很容易实施管理会计信息化建设。

三、管理会计信息化建设实施路径的分析设计

（一）诺兰阶段模型对管理会计信息化建设的指导作用

1.诺兰模型对管理会计信息化建设的意义

自 1950 年以来，社会信息发展迅速，企业信息化的过程也经历了多个发展阶段，从低级到高级，逐步到管理信息系统和决策支持系统阶段，这也是一个企业从电子数据处理系统到资源规划系统的不断演进。为了研究信息系统的发展规律，相关领域的研究人员进行了大量的研究。

哈佛大学的诺兰教授总结分析了 200 多家企业或部门的管理会计信息系统的发展和实践经验，得出"信息系统在给定单位中应用这些信息是分阶段的"，诺兰教授把企业的信息化过程分成四个阶段：引入期、蔓延期、控制期和集成期。然而，随着信息技术的迅速发展，四段模型的局限性越来越突出。于是，诺兰于 1979 年在《哈佛商业评论》上将"四段模型"发展为"六段模型"，并且对管理信息系统的六个阶段的特征进行了详细的描述。此后，诺兰阶段模型成为信息管理系统领域的经典模型，被越来越多的企业在构建信息和评估系统时使用。

诺兰模型所包含的六大要素如下：

①计算机资源：由磁带到分布式计算机。

②应用模式：由批处理转向联机处理方式。

③计划控制：一般是由随机的、非长期的计划逐步过渡到战略的、长期的计划。

④领导模式：刚开始的时候主要是技术领导，现在由上层管理部门与管理信息系统部门共同商议发展战略。

⑤管理信息系统的重要程度：一般从最初的附属地位发展为现在的独立角色。

⑥客户意识：由作业管理级客户进阶为中、上层管理级客户。

虽然诺兰模型提出的时间正是信息化发展的前期，但是就当前的实际来说，诺兰模型对我国管理会计信息化建设的推进依然具有重大的指导意义，能够有力地推动管理会计信息化建设。

2.诺兰模型对管理会计信息化建设的启示

诺兰模型综合了发达国家建筑管理信息系统的规则。它相信任何组织在使用系统时都会从一个阶段发展到另一个阶段，阶段之间没有跳跃。因此，在建设管理会计信息系统时，各单位需要明确自己目前处于哪个阶段，然后参照那个阶段的特点来构建管理会计信息系统。

首先，企业本身要有明确的目标和合理的定位。这是企业在信息化建设过程中的第一步，只有认清自己的现状，明确企业的定位，才能根据自身的情况，合理规划，进行信息化建设。如果企业在建设管理会计信息化时没有提前计划，甚至没有仔细研究相关理论，而是直接购买大量的硬件和软件，并直接运行会计信息系统，那么就会出现很多问题。因此，企业在进行信息化建设之前必须进行全面规划。不同的组织有不同的条件和不同的发展阶段，所以企业在规划管理会计信息化建设时所采用的方法和手段也有所不同。

其次，管理会计信息化建设应在各个阶段不断完善。诺兰模型是从低层次向高层次逐步推进的，企业的信息化进程也是由低层次向高层次发展，因此管理会计信息化建设必须分阶段、分类型进行。企业在管理会计信息化建设中必须处理好不同应用模块之间的关系，既不能脱离实际，也不能盲目操作。

（二）管理会计信息化建设实施路径的设计

1.管理会计信息化建设实施路径的提出

为确保企业管理会计信息化建设顺利推进，管理会计信息化建设的实施路径可以设置为由低到高四个阶段，即数据模型阶段、交互式可视化模型阶段、图表模型阶段、管理会计信息系统阶段。

数据模型阶段是指企业根据实际的业务需要，利用无代码的程序开发技术，以 Excel 为基础建立数据模型，该模型可用来处理企业的日常业务；交互式可视化模型阶段是指借助财务智能、数据挖掘等新兴技术，实现数据资源动态交互的效果，提高模型的可视化程度；图表模型阶段是指把企业的业务数据转成图表模型，图表模型具有较强的展示效果，能够更加直观地体现企业的业务情况；管理会计信息系统阶段是企业进行管理会计信息化建设的努力方向，也是最终目标。

2.管理会计信息化建设实施路径分析

一般的管理会计信息化建设的实施路径主要有自上而下、上下结合和自下而上三种。大部分企业一般遵循自上而下的实施路径。一般情况下，由企业高层管理者根据实际情况考察、选择、审批和制定相应制度，而具体实施方法的制定与商讨等工作主要由基层员工参与，也就是说，制度实施与制定的主体是各个接触实际业务操作的基层单位与基层员工。

大多数企业建立管理会计信息系统基本上是出于成本控制和价值管理的考虑，最基本的目的是消除管理会计信息的不对称性、管理会计信息的类型及管理会计信息沟通的障碍。管理会计信息发展的实施路线一般是：制定管理会计的成本领先计划—建立不同的管理会计信息平台—为管理会计信息化建设打造领先的技术和信息支撑。通过全面的管理会计信息化流程建设，使企业各业务层级都有标准的信息化流程，为下一步规范管理流程奠定基础，实现企业管理会计信息标准化。

（1）制定成本领先战略

在无比紧张、激烈的市场竞争中，为了最大限度地获取利润，尽量取得成本领先的竞争优势，必须制定成本领先战略。在企业竞争中，如果实施成本领先的企业产品价格低于其他的竞争企业，成本领先的战略所获取的低成本的优势就会转变成效益。当前，面对经济新常态的变化，各个企业财务的精细化管理成为价值管理与成本控制的重要工具，只有重视管理会计信息化工作的实施，才能为成本领先战略的实现提供更高的平台。

首先，建立科学合理的生产成本管控信息化标准体系。企业要对生产成本进行管控，就要在实施过程中不断完善信息化体系，从而形成与企业业务流程相契合的系统。其次，成本费用的控制要做到数据化和信息化，方便进行绩效管理或者分析考核。

只有以成本领先战略为目标进行管理会计信息化建设，才能利用科学的管理会计方式提升企业管理水平，从而为企业战略的实施提供保障。

（2）建设管理会计信息化平台

建设会计信息化平台要先了解行业信息化发展的大致方向，从而将管理理念同实际的发展战略与发展趋势相结合，深入地进行科学的管理会计信息化平台的建设实践。

首先，要提高信息化基础设施，建设如移动通信网络、硬件服务器等各种基础性的信息化设施，并且要结合新形势，如"大数据""云计算""互联网＋"和"物联网"等新概念，进行管理会计业务处理流程及信息化建设的超前发展战略谋划，从而有效地提升管理会计信息化的建设水平，为管理会计信息化平台建设打下坚实基础。

其次，在管理会计信息化应用系统建设上，管理会计信息化平台能够对管理会计业务的高效信息系统起到支撑作用。不断对应用系统的建设进行拓展，完善业务系统的应用范围，进一步打造高度集成化的会计信息化平台系统。

最后，管理会计信息化要服务于企业的各项实际业务，所以管理会计在服务管理方面要不断加强与完善信息技术管理体系，同时要保障管理会计信息化人才的优先引进，从而保障管理会计业务的有效实施，并为管理会计决策提供技术支撑。管理会计信息化平台建设的最终目的就是进行数据的集成与整合、数据的分析与决策，从而立足管理会计信息共享，为财务管理信息化水平提升提供渠道。另外，通过共享数据联通会计审计、采购、资产管理、办公自动化等各个系统，真正地将管理会计系统与生产作业流程结合起来，实现财务工作的转型升级，从更高的决策层面更有效地提升企业财务管理及绩效监督等各方面的能力。

（3）建立战略支撑体系

首先，根据现代物流的发展趋势，通过管理会计信息系统，整合优化整体企业的物流体系，从而有效地降低成本，避免成本的浪费。

其次，在经济新常态的时代发展背景下，挖掘管理会计信息潜在的管理因素，形成企业管理会计的新模式。

最后，结合企业实际情况对管理会计的新模式进行修订。

（4）建立预算管理体系

企业要根据不同的业务流程来进行预算管理，一般的预算管理流程为：编制预算—审批预算—分析预算—整合标准预算体系。要建立适合管理会计信息化的预算管理体系，要做到以下几点：

首先，根据企业实际业务流程进行预算的编制工作，如通过管理会计信息化系统将预算编制自动化，既提高了预算精度，又提高了工作效率。

其次，审批预算环节全面运用信息化手段提高效率，如增加移动端的审批系统，节约审批时间，提高工作效率，从而为管理人员的决策管理提供数据支持。

再次，通过信息化系统可以对数据进行精准分析，从而实现动态化数据跟踪。

最后，预算管理体系的升级转型需要统筹预算编制，明确预算分析与审批，使其真正在业务、技术、管理等方面符合标准。

企业要转变陈旧的管理模式，依靠组织机构的信息化管理实施预算管理，使用流程化的管理模式构造更加具有适应性和通用性的预算管理体系。

（5）建立管理会计信息化模块

管理会计的信息化模块具有较强的适应性与通用性，在制定成本领先战略、平台建立、预算管理体系建立等方面都有指导意义，能为政策制定、体系建设和方法路径选择等各个方面提供借鉴。

第一，会计事务信息系统。会计事务信息系统主要是为了满足会计业务中的会计核算的工作要求，将一些琐碎的工作，如手工记账、手工报表等，运用信息化手段完成。

第二，财务管理信息系统。财务管理信息系统是指利用现代化的信息处理技术和计算机网络通信技术等，将财务管理模型作为方式方法，将业务系统和会计实务系统当中的信息数据作为依据，对财务管理中的预测、分析、监督与控制等各环节进行自动化的实时处理，从而有效地对业务活动进行控制。

第三，财务决策支持系统。财务决策支持系统是一种交互式人机系统，旨在满足中高级管理人员或企业财务决策者的需求，提供模型构建、问题分析、决策模拟和决策有效性的信息。金融决策系统是搜索技术、模型库、知识库、神经网络技术等智能决策支持系统在金融领域的应用。财务决策支持系统往往以管理科学、工程和运筹学等各个学科为基础，以信息技术、人工智能技术和机器学习技术为支撑，同时利用会计师提供的各个层次的信息，构建不同的业务和经济模型，并协助企业中的高级决策者预测未来的财务状况。总体来说，财务决策支持系统力求为企业的决策者或管理者提供持续的服务，尽可能提供最准确、最全面、最科学的信息。

第四，互联互通的信息系统。互联互通的信息系统是财务管理部门、生产部门和相关企业之间对各种财务信息进行联系和沟通，进而对企业经营活动进行规划、组织、分析、预测、控制和决策的系统，它能为企业提供最准确、最详尽、最全面的信息支持，保障企业正常生产经营。

3.管理会计信息化建设路径实施的保障措施

（1）制定管理会计信息化建设总体规划

"凡事预则立，不预则废"，周到细致的规划有助于管理会计信息化建设的顺利进行。诺兰模式强调信息化建设必须层层推进，不能跨越式发展，因此企业必须根据自身的实际情况分析其所处的阶段，制定合理的制度实施方案和计划。

（2）建立财务共享服务中心

目前，我国企业和组织的管理会计信息化水平还比较落后，建立共享金融服务中心可以有效促进会计人员从会计职能向决策职能的转变。自20世纪80年代以来，特别是财务共享服务中心问世以来，许多企业以低成本、高效率的独特优势迅速赢得了一大批大型跨国公司的青睐。

第三节 我国管理会计信息化的推动策略研究

一、提高对会计信息化的重视程度

目前，我国企业会计信息化建设仍然比较缓慢，主要是因为管理层的重视不够。会计信息化是发展的大趋势，会计信息化建设具有重要性和紧迫性。只有提高对会计信息化建设的理论认识，更新观念，规划企业未来的发展前景，才能提高企业的核心竞争力。在会计信息化建设中，不仅要明确中小外贸企业会计信息化发展的主要问题、实施目标和重点，还要对企业的活动进行监督，根据企业的实际情况制定会计信息化实施方案，并借鉴国外企业的经验和成果。此外，要加大对软硬件设施的合理投入，提供会计电算化服务。对于企业员工来说，要积极学习会计电算化技能，对会计信息化理论进行系统学习。

二、全面推进会计信息化建设

（一）注重实际

为了实现企业会计信息的整体规划和发展规划，企业需要根据业务的实际需要，在前期安排好业务流程，优化和重组业务流程，做到人控制系统，而不是被系统领导。企业要制定总体计划，找到正确的切入点。统计表明，有许多企业进行会计信息化建设的最初目的是节省成本，为企业提供服务和支持，以达到提高经营业绩的目的。但有些系统并不能支持企业的一般业务流程，而且它们还要收取服务费，因此企业必须充分考虑应用软件的服务质量和应用软件的可行性。在会计信息化发展的初期，企业需要对业务流程进行精简和标准化流程重组。例如，企业的经常性业务活动是什么，与这些业务相关的具体数据都有哪些。一旦计划好，下一阶段就是让销售人员与财务人员合作，交付经过适当处理的数据。如果协议中没有规划具体的实施过程，那么后期财务人员的工作会很吃力，无法准确及时地收集有用的数据，业务员也会不断抱怨。会计信息化建设不是短时间内就能完成的，而是要制定一个计划，按照计划循序渐进地进行。

（二）搞好规划

企业实行会计信息化以后，交易会计、应收外汇收付、不同资金的兑换等各项业务操作都可以自动化，收入在专用系统中实时处理。会计人员被允许执行管理和控制职能以检查和监控财务和业务数据。该系统还允许业务主管和信息使用者随时使用信息数据，以此来对公司未来的财务状况做出合理的预测，为公司的经营和发展做出正确的决策。

（三）全面推进

相关数据直接通过会计信息系统进行收集和分析，取代了以前的许多纸质表格，减少了许多签名和相关印章，增加了信息用户数量，提高了信息透明度。这大大提高了会计信息的可靠性和质量。

三、加大资金投入和人力资源建设

（一）企业加大会计信息化建设资金的投入

企业充分认识到发展和建设企业会计信息化的必要性，同时加快企业会计信息化应用的转型升级。部分专项资金将从外商投资项目中扣除，用于投资建设企业会计信息化项目，由管理负责人预算规划，设置会计信息，做好每个项目的预算管理。建设信息系统的投资成本较大，初期投资的经济效益在短期内难以体现，企业必须做好长期投资的准备。企业将具体行动落实到具体的信息化建设活动中，同时组织管理会计进行应用信息系统的改造升级。此外，企业需要与行业加强沟通合作，实现企业间的资本共享和资本对接，通过补充企业资本解决资金短缺的问题。

（二）企业加强人力资源建设

会计信息化建设对财务人员来说是一次较大的转变。企业在进行会计信息化建设时，需要有经验的人在这个阶段为企业指明方向。会计信息化建设需要具备具有良好的技术和财务资质、较强的学习能力和优化意识的人才。因此，为了调动全体员工建设会计信息化的积极性和主体性，企业领导需要给予每位员工平等的学习机会，鼓励员工不断转变观念，学习专业技能。

四、完善与会计信息化有关的制度

（一）企业会计信息化内部控制

企业会计内部控制机制是企业的财务管理工具。规范的业务流程是内部控制的基础，是企业内部管理的主要控制点，在整个经营过程中对企业的发展起着举足轻重的作用。

会计信息化要求企业建立科学的会计信息内部控制系统，该系统能保证财务数据的真实性和保密性。企业从组织分工、规章制度和内部控制制度等方面对会计信息建设实施内部控制，保存会计数据电子化记录，控制会计信息系统的运行，确保会计信息系统的正常运行。

（二）企业会计信息化内部控制体系建设

企业在建设内部控制体系时，必须考虑企业及所属行业会计信息系统建设现状等因素，根据业务特点，构建企业会计信息内部控制体系。内部控制体系包括以下几个部分：

第一，过程控制。以预算管理为核心，根据具体要求进行成本控制，以各种业务数据为依据，对生产经营全过程的业务行为进行综合管控。突出业务流程管控，根据需要对业务流程中的各项业务活动建立审批权限，对企业实行分散控制和经营。

第二，系统管控。加强系统安全管控，确保系统安全稳定；建立数据备份系统，确保数据安全可靠。为加强对程序运行的控制，所有数据处理方法和程序必须规范化，以保证数据运行程序的稳定性，确保数据的准确性。

第三，管理控制。加强内部审计，定期核对会计数据，审核机器数据和文件数据，监控财务报表的安全性和稳健性，保证数据存储和监控与操作方法分离，有效控制系统。

内部管理人员需要在信息化建设中强化控制和信息化观念，在发展会计信息化、内部控制和业务可持续发展的背景下，有序实施企业内部控制。同时，在企业内部实行权责分工，建立相应的组织机构。内部监控体系的分工应通过部门结构和工作职责来确定，在相互制约的基础上达到内部控制的目的。在会计信息环境下，企业员工的工作态度、职业道德和价值观都会发生重大变化。为降低企业组织结构对信息化发展的影响，必须以会计信息形式对企业进行有效的内部控制，从而提高会计人员防范风险的意识。会计数据的传输主要是通过交易授权或用户名和密码的注册来完成的。有些员工的信息防卫能力较弱，用户名和密码容易丢失或被他人盗用，从而对企业造成经济损失，因此要加强员工的安全意识。

五、构建会计信息化安全系统

计算机和网络技术的使用，导致信息化已经影响了包括会计在内的经济发展的方方面面，并对各行各业产生了深远的影响。传统的会计系统正在逐渐被计算机、数据库和网络会计系统所取代，因此会计工作提高了效率，降低了成本。但是新的网络会计系统也带来了安全问题，尤其是随着计算机网络安全技术的不断发展，这个问题越来越突出。会计信息系统存在的问题是一个整体的问题，只有安全的技术和安全的产品并不能保证系统的安全。

网络会计信息系统的安全技术体系包括计算机安全、网络安全和数据库安全三个方面。网络是承载网络会计信息系统的通信和数据交换平台，各单元是抵御外部攻击的有机连接系统和第一道防线。计算机是会计信息处理平台的信息系统，负责收集、分析、组织和存储数据，因此计算机安全有着重要的作用。网络会计信息系统的核心业务与数据库访问密切相关。数据库安全包括数据库软件安全和数据库数据安全。数据库与网络安全、操作系统安全、协议安全是信息系统安全的四个主要领域。随着计算机和网络技术的发展，网络会计信息系统面临着来自外部的诸多威胁。因此，会计信息安全体系的建设有以下几点需要注意：

第一，信息安全专家建设。好的规则只有在实施后才会生效。加强人才培养，既要培养具有计算机、网络和信息安全方面知识的人才，还要培养懂得会计和企业管理的双重人才。一方面，可以引进信息安全专业人才，使其熟悉会计行业知识；另一方面，可以加大人员的继续教育和培训力度，选择具有一定计算机知识的会计人员。

第二，切实加强企业会计信息系统的安全要求。随着会计信息系统效率的提高，原始数据的收集、会计处理和会计报表的生成都实现了自动化。同时，技术的发展也给系统的安全带来了很大的挑战。会计信息系统构建的网络安全系统是一项复杂的综合系统工程。在运行过程中，并不存在完全安全的信息系统，选择合适的安全模型和技术不仅要求会计自身的专业知识扎实和实践经验丰富，还要求会计能够综合考虑会计信息系统的规模和系统的安全性。

第三，建立网络安全内控制度。在传统内部控制理论和网络会计内部控制风险分析的基础上，提出了一种新型的网络会计安全内部控制系统。然后，采用模糊评价方法对系统运行情况进行评价，从定量和系统验证的角度评价网络计算机会计的控制有效性。

第五章 会计信息化在投资管理中的应用

第一节 投资项目可行性管理

企业投资的主要目的是发展经济、增加盈利、扩大积累、满足日益增长的市场和社会需求。但是，投资项目有可能达到预期的目的，也有可能达不到预期的目的，甚至可能会彻底失败。这就需要企业运用科学的理论和方法，在具体实施投资活动之前，对投资项目的可行性进行分析和评价。投资项目的可行性管理就是指通过调查研究和计算分析，论证投资项目技术上的适用性、先进性，市场上的适销性，经济上的合理性，以及财务上的盈利性，为投资项目决策管理提供科学的依据。投资项目的可行性管理是整个投资管理活动的基础性工作。

一、投资项目可行性管理的程序和内容

（一）投资项目可行性管理的程序

投资项目可行性管理一般是按照投资机会研究、初步可行性研究、详细可行性研究和评价决策这样的阶段顺序进行的，其特点是由浅入深、循序渐进，每一阶段的工作都是建立在前一阶段工作的基础之上的。企业在进行项目可行性管理时，必须按照这样的顺序。只有当前一阶段的研究显示出积极结果时，企业才可以进行更深入的研究，直至做出最终决策。

1.投资机会研究

投资机会研究又分为一般机会研究和具体项目机会研究。一般机会研究要对多种情

况进行广泛的调查，包括企业所在地区的情况、资源和劳动力状况、社会条件、地理环境、国内外市场、国家政策、资金市场情况、项目建成后对社会的影响等。

根据一般机会研究的情况，当某一具体项目具有投资条件时，企业应进行具体项目机会研究，目的是将项目设想转变为概略的投资建议。例如，某农村地区种植甘蔗，并有制糖工业，剩余的蔗渣可用作燃料。随着造纸技术的发展，蔗渣可用于造纸并且有较合理的价格，这时应调查纸张的市场需求及燃料的替代来源等情况，若调查结果为支持性结果，则用蔗渣为原料造纸就成为一个投资项目的具体建议了。

2.初步可行性研究

当投资项目经过投资机会研究的分析鉴定，被认为是符合社会需要的、具有盈利能力的项目，企业就可以开始对其进行初步可行性研究，以做出是否投资的初步决定。

该阶段的主要任务就是在机会研究的基础上，对投资项目的规模、产品市场、资源、材料、公用设施、交通运输、组织机构、财务等方面的投资条件及项目的设计方案、经济效益等进行较全面、系统的定性分析和定量计算，为投资项目的初选提供依据。

初步可行性研究是介于投资机会研究与详细可行性研究之间的一个中间阶段，也是一个十分重要并且不可缺少的阶段。由于详细可行性研究需要较为准确的数据资料，而且要花费较长的时间和较多的经费，所以在未经过初步可行性分析得到是否投资的初步决定前，企业一般不会贸然进行详细可行性研究。

3.详细可行性研究

如果说初步可行性研究是企业决定是否投资项目的科学依据，那么详细可行性研究就是为如何进行项目投资和生产经营提供科学依据的。

详细可行性研究必须仔细分析该项目的基本组成部分和所涉及的问题，为项目提供技术、商业、财务、经济等基础。详细可行性研究应对项目的生产规模、原材料及其他投入、所使用的工艺技术、人员配备、投资费用和生产成本、投资效益等进行分析，并编制出可行性研究报告。其内容一般包括：项目提出的背景、目的及意义，资源和市场的需求预测，位置选择及环境条件，设计方案，环境保护及三废处理，组织机构及管理，实施计划，总投资估算，项目的财务和经济评价，综合评价等。

4.评价决策

在评价决策阶段，投资管理部门应对投资项目在技术上、财务上、经济上的可行性进行全面审查，从而形成项目评估报告，以决定是否投资。项目评估报告的主要内容包括项目概况、市场供求情况、技术和设计、原料和能源、投资计划财务预测、财务效益分析、经济效益分析、不确定性分析、总结和建议等。经过审批的投资项目方可进入投资期，并开始施工建设。

（二）投资项目可行性管理的内容

投资项目可行性管理的内容，是指对投资项目的可行性进行分析论证的各个方面。对企业而言，投资项目可行性管理的内容一般包括分析和论证投资项目在商业方面、技术方面、财务和经济方面的可行性。这几个方面是相互联系的，但对不同性质的投资项目来说，它们之间的相对重要性会有很大的差异。

1.商业上的可行性

投资项目商业上的可行性主要包括两方面：市场需求和资源条件上的可行性。如果一个投资项目，它的产品销售不出去，是市场上不需要的，那么这个投资项目就是不值得建设的。因此，企业在分析和判断一个投资项目有没有必要进行建设时，首先要分析投资项目能不能为市场所接受，只有当一个投资项目被确认能为市场所接受的时候，企业才能认为这个项目具有建设的必要性。商业上的可行性还包括投资项目所需要的各种资源能否顺利得到。资源短缺是我国国民经济的重要特征之一，企业又难以取得稳固的资源渠道，在这种情况下，投资项目在原材料、燃料动力等资源方面的问题能否得到解决，直接关系着投资项目能否顺利建设及生产能否正常进行。因此，投资项目的可行性管理必须从资源保证程度的角度对投资项目的可行性作出评价和判断。

2.技术上的可行性

技术上的可行性是投资项目可行性管理的重要内容。一个投资项目采用的技术合理与否，直接影响着这个项目经济效益的高低，以及这个项目的成功与失败。我国有的投资项目在技术上考虑不周，或者采用了不成熟的工艺技术，以致项目建设半途而废或者存在重大的隐患；有的投资项目没有选用先进适用的技术，而是选用了陈旧落后的技术，从而带来了经济上的损失；有的投资项目虽然采用了先进的技术，但是自身不具备配套或者消化吸收的能力，也导致了投资效益低下。这些现象说明，技术问题对一个投资项目经济效益的影响很大。企业应以可靠的工程设计为原则，对投资项目进行技术上的可行性论证。

3.财务和经济上的可行性

企业在对投资项目进行商业和技术上的可行性分析的基础上，还要分析其财务和经济上的可行性。通过计算项目投入的费用和产出的效益及多方案之间的比较，对投资项目的经济可行性和合理性进行分析论证，以作出全面的经济评价。

财务上的可行性分析通常包括企业的总投资费用估算、资金筹措计划制定、总成本估算、投资项目的盈利能力分析、对价格波动的敏感性和财务风险的估计、企业的财务管理能力分析等。对于在国家投资计划中占较大比重的投资项目，企业还要分析它对国家债务状况的影响。进行财务上的可行性分析的主要目的是了解企业的财务预测是否合理、成本能否减少、能否顺利偿还贷款及项目投资能否有足够的资本等问题。经济上的可行性分析主要是指从企业能否盈利的角度分析投资项目的经济效益，这对投资决策是非常重要的。

二、商业和技术上的可行性

（一）市场需求上的可行性

投资项目今后有没有市场，它的产品是不是为社会所需要，这些问题从根本上决定了一个投资项目是否可行。若要正确判断一个投资项目在市场需求方面是否可行，就必须开展市场调查和市场预测。

1.市场调查

市场调查是项目可行性管理的重要工作内容。市场调查的方法，包括直接调查和间接调查两类。直接调查是指企业直接与产、供、销各方见面，了解其历史与现状，并取得数据。这样调查得来的资料可靠性更大。间接调查是指通过发信函、调查表，或从报刊、广告等途径取得市场资料。间接调查节省人力物力，但调查结果的可信程度要低一些。在实际项目可行性管理中，可同时采用直接调查与间接调查，互取所长。

具体的市场调查工作可分为国内市场调查与国外市场调查。

国内市场调查包括国内需求量调查和国内供应量调查。国内需求量调查的主要任务是了解国内市场最近或前几年对某产品的需求情况，以便对未来的需求情况作出预测。在调查过程中，企业也可以直接了解消费者对产品的未来需求情况，这也是做好需求预测的重要资料。市场需求资料有三个重要的来源：其一，商业、物资等产品销售部门；其二，统计部门、主管工业部门、综合经济部门等国家经济部门；其三，客户或消费者。国内供应量调查的主要任务是了解产品的现有生产能力和现有企业增产该产品的潜力及生产该产品的在建或拟建工程的情况，以便预测该产品在未来的供应能力。这些资料一般可从计划统计部门、有关主管部门及投资金融部门等单位搜集，也可以通过销售量调查得到。

国外市场调查也包括需求与供给两方面。国外需求调查的目的是了解该产品有无进入国外市场的可能，国外市场有无对该产品的需求及需求的数量，对产品在规格、性能、型号、质量等方面是否有比较具体的要求。这种调查不仅可以依靠外贸部门提供的资料，还可以通过各类出版物、出国考察、访问人员、国际金融机构等多种渠道得到必要的帮助。国外供应调查的目的是了解投资项目产品的进口情况。

从项目可行性管理的需求来看，市场调查除了要了解国内外市场的产品供需情况，还要搜集、获取市场研究所必需的相关资料。这些资料主要有经济发展趋势、人口增长趋势及其构成的变化、消费水平的变动情况、价格方面的资料、产品的社会拥有量等。

2.市场预测

市场预测也是项目可行性管理的重要工作内容。市场调查的根本目的就是进行市场预测。只有对未来的市场情况进行正确的估计，企业才能对投资项目的经济效益作出正确的评价。市场预测的内容有很多，对企业而言，主要是运用科学的方法，对投资项目产品供需发展趋势进行分析和预测。投资项目产品供给预测主要是指对现有产品生产能力的发展变化作出预测，即首先对现有企业生产发展计划作出分析，充分掌握今后新建企业的情况，包括这些企业的生产能力、生产规模、产品结构、产品质量等。除此之外，企业还要了解预测期内有哪些新的科学技术可以用于生产，这些新技术的使用对提高企业生产能力和产品质量有多大影响，对改善产品结构、增加新品种有多大作用等。用产品目前的生产供应能力，加上今后可能新增加的生产供应能力，考虑今后替代产品的出现等综合因素，就能得出产品的未来供给情况的分析结论。在对进口供应品进行预测时，企业应综合分析该产品在国际市场上的销售情况、国内该产品的短缺程度、国家的外贸政策等方面因素，这样才能得出合理的预测结果。投资产品需求预测是在产品需求调查的基础上进行的，产品需求预测可从四方面着手：①通过预测国民收入的发展变化及其分配，了解市场需求的变化。②根据经济、技术、社会发展计划，分析、预测产品的社会需求。③根据已掌握的产品需求方面的历史资料，运用相关分析方法，找出该产品需求与经济发展之间的关系，然后根据经济发展的要求作出预测。④分析居民的货币收支情况，以便对消费品需求作出正确的预测。

（二）资源条件上的可行性

1.自然资源条件

一个投资项目，特别是大的建设项目，通常需要大量的资源为其服务。例如，要投资兴建一个大型铝厂，就要有丰富的铝土矿资源，而且要有大量的电力供应。大量的电力供应则依赖于煤炭资源或者水力资源，这些都是自然资源。从这些自然资源条件保证程度的角度分析投资项目的可行性，可抓住以下几点：

①矿产资源要有国家矿产储备委员会批准的关于该资源储量、品位开采价值及运输条件的报告，作为项目投资的依据。

②要区分投资项目所需资源的种类或性质。例如，是矿产资源，还是农产品资源；是可再生资源，还是不可再生资源等。

③要注意资源的供应数量、质量、服务年限、开采方式、供应方式及成本高低等。

④要注意技术进步对资源优势利用的影响。

⑤对于稀缺资源或供应紧张的资源，要注意新资源的前景及替代途径；对于矿产资源，还要考虑开采年限及接替矿等问题。

⑥对于农产品资源，要注意农村经济发展趋势及世界农产品市场的变化。

⑦要掌握国家的资源政策。

⑧目前，水资源普遍紧张，即使在沿海地区，一些大的工程项目也会遇到水资源短缺的困难。而水资源问题容易被人们忽视，因此对于大型投资项目，企业一定要考察水资源情况，并分析其用水方案与当地人民生活用水及农业用水是否有矛盾。

2.原材料的供应

不同类型的投资项目所需原材料、半成品和备件在品种、规格等方面的要求是千差万别的，而且任何一个投资项目的原材料需求也是多种多样的。如果对一个投资项目所需要的全部原材料都进行分析评价，其工作量必定是相当大的。在项目可行性管理中，一般仅选主要的或关键性的原材料进行分析评价。企业通常根据项目产品的类型和性质对原材料的质量、数量、价格及运输条件等进行评价。

（1）原材料质量是否理想

企业要对所需的主要原材料的名称、品种、规格、化学和物理性质及其他一些质量上的要求加以了解和分析。质量太好的原材料成本太高，质量差的原材料则可能在技术上无法利用，原材料的质量对投资项目的技术、经济代价有着直接的影响。对于符合质量要求的原材料，还要明确是否有长期供应保证，比如供应合同等。

（2）原材料可供量能否满足生产要求

目前，我国原材料供应紧张的矛盾相当突出。企业所需原材料大部分都依靠市场供应，因此企业应通过市场研究，对投资项目所需原材料的供求状态作出预测。如果原材料的可供量难以满足生产的要求，则该投资项目就不应建设。

（3）原材料价格是否合适

不同质量、不同来源的原材料，其价格往往相差很多。在投资项目可行性管理中，企业应认真分析原材料价格的变动趋向及其对项目生产成本的影响。对于进口的原材料，企业要注意今后国家汇率、关税率的变化。

（4）原材料运输

确定了合适的原材料以后，企业还要考虑运输问题，如能不能保证运输、运输费用是多少、采用哪些方式运输等。

总之，从原材料等资源供应的角度对投资项目进行可行性管理，主要是指分析投资项目是否选择了适合项目要求的、来源丰富可靠、经济划算的原材料，以保证投资项目不至于停工待料，从而获取好的经济效益。

3.燃料、动力的供应

燃料、动力是投资项目建设和生产过程中的基本要素和重要的物质保证。较大项目的能源供应通常影响一个地区能源供需的平衡。如果投资项目的能源供应有困难，且没有其他解决的措施，那么该投资项目就不可行。因此，在项目的可行性管理中，企业应首先了解项目对燃料、动力的需求情况，然后根据项目的具体情况，分别从以下几方面进行分析：

①燃料动力能否得到保证。

②所选燃料对产品质量、生产成本和区域环境的影响程度有多大。

③对于耗能大的项目，不但要考虑平均的动力供应，还要考虑设备起动和冲击时的最大负荷要求，并且要能经常保证动力供应的稳定性。

④要考虑节能的要求。

⑤对于项目生产中的其他动力供应，也要测算总需求，分析供应方式，并计算其对能源供应需求和对产品成本的影响等。

（三）技术上的可行性

1.工艺流程

工艺流程是投资项目生产产品所采用的制造方法及生产过程等。一般情况下，生产一个产品，总会有几个可供选择的工艺。不同的工艺需要不同的条件，并会产生不同的后果，这就使得工艺流程评价成为投资项目技术可行性管理的核心内容。

在工艺流程评价中，企业要先搜集和了解各种已成熟的、能用于项目生产的工艺方法，对每一种工艺方法的优点和缺点进行具体的分析，如这些方法在生产过程中的应用程度、采用以后的效果、对原料的要求和消耗情况、制成品的质量及所需要的投资数额等。在充分掌握情况的基础上，企业要对投资项目工艺方案的可行性作出判断。

投资项目采取何种工艺流程方案取决于以下几方面的因素：

①产品所要达到的质量和规格的要求。

②可能取得的原料的特性，如品位、含杂质量、化学成分、熔点等。

③所需要的设备价款和工程的投资额。

④原料、能源的消耗及生产成本。

⑤生产规模的大小。

⑥对资源利用的深度。

⑦工艺获得的途径。

2.设备评价

在工艺流程确定以后，企业就可以对所选用设备的可行性进行分析、决策。投资项目可行性管理中的设备评价，主要是对生产设备，尤其是主要生产设备的评价。这种评价主要考虑以下问题：

①所选设备是否符合工艺流程的要求。例如，同样是生产水泥，采用干法或湿法，就需要有不同的主要生产设备。

②所选设备是否符合生产规模的要求。生产规模不同，对设备的容量、处置能力等方面的要求也不同。

③各台设备生产能力的配合是否良好。比较理想的情况是，上下工序设备的生产能力能衔接一致。

④设备设计是否符合生产要求。例如，设备的机械化程度能否保证产品质量，设备的技术性能是否合理等。

⑤设备供应是否有保障，设备供应方能否按要求制造设备并按时交货。

⑥在满足技术要求的前提下，是否尽量采购廉价的设备。

⑦对于进口设备，还应考虑设备货款的支付条件，如是否现付、利率、定金及其他条件等。

3.规模经济分析

规模经济是指扩大生产规模以提高项目投资者获得的经济效益。但是，项目的生产规模不是越大越好，生产规模达到一定程度后，经济效益会随着生产规模的持续扩大而下降，这就走到了规模经济的反面，即规模不经济。项目可行性管理中的规模经济分析，主要是指分析、判断拟建项目的设计规模是不是最佳的或最合适的经济规模。

从理论上讲，合理的经济规模应该使规模增加的幅度与收益增加的幅度相称。这种规模的确定取决于很多因素，最先要考虑的是当时的技术水平。与原有技术相比，一种更先进的技术总是可以减少人工、物料的投入，缩短产品的生产时间，提高产品的质量。因此，采用更先进的技术扩大生产规模通常会收到规模经济较好的结果。市场容量对生产规模的选择也有较大的影响。如果某种产品合理的生产规模大于市场容量，那么这种产品的生产规模就会被压缩，导致收不到合理的规模经济效益。其他如资金、原材料、能源动力的供应等因素也影响着生产规模的选择。

一个投资项目要达到合理的经济规模，可以有不同的方式。例如，有些投资项目可能由于市场容量等方面的限制，并不能一次性地达到较优的经济规模。如果在不久的将来市场等方面的制约因素会消除，那么企业可以在项目的建设中留有较高的剩余生产能力，在以后阶段，再根据需求的增长逐步提高生产能力。如果市场、资金等方面的制约因素一时难以消除，那么企业也可以采用分期建设的方式，逐步达到较优的经济规模。另外，企业还可以通过与其他企业协作生产中间产品、零部件、动力供应等，使项目的生产成本大大下降，从而极大地提高项目的合理经济规模水平。换言之，建全能厂还是建专业厂，对确定项目的合理经济规模会有很大影响。在可行性管理中，企业应根据投资项目的具体情况，采取不同的方式，保证投资项目规模经济的实现。

第二节 投资项目预算管理

在投资项目管理中，无论是对投资项目的可行性进行的分析、判断，还是对投资方案的优化选择，都涉及了投资项目的投资总量。投资项目预算管理正是通过各种方法对投资项目的投资总量进行测算，进而为其他投资管理工作的顺利开展创造条件。投资项目基本上分为固定资产投资和流动资金投资两大部分。

一、固定资产投资预算

（一）项目划分及总预算费用的内容

对一个复杂的投资项目进行投资预算，可以把整个项目划分为若干个大小不同的计量单位，一般是建设项目、单项工程、单位工程三级。

建设项目一般指按照同一个总体设计进行施工，经济上实行统一核算，行政上有独立的组织形式的建设工程。单项工程是建设项目的组成部分，一般有独立的设计文件，建成后可以独立发挥生产功能。单位工程是单项工程的组成部分，是指有独立施工条件，可以单独作为成本计算对象的工程。例如，工业项目中的各个分厂、各生产车间是单项工程，而生产车间的厂房建筑、设备安装则为单位工程。

投资项目的固定资产投资预算是指根据初步设计及有关计算资料，以单位工程为基础进行预算，在单位工程预算的基础上汇总成单项工程预算，最后再汇成总预算。

单位工程预算分为建筑工程预算和设备及其安装工程预算。企业可以根据有关部门制定的指标和定额进行建筑工程预算，设备及安装工程预算包括需要安装的设备价值和安装费用两部分。设备价值通常以设计文件所附设备清单，或以设计规定的设备规格、数量乘以相应的价格得到。安装费用可按照安装价目表计算，或按照设备价值乘以规定的安装百分率计算，或按照每套设备、每吨设备、设备容量的安装预算指标计算。

单项工程预算是将单项工程内各个单位工程预算价值汇总。投资总预算是将各单项工程预算及其他工程和费用预算两部分汇总。其中，其他工程和费用预算，是指一切未包括在单项工程预算之内，但与整个建设工程有关的费用，包括土地征用费、原有建筑迁移补偿费、建设单位管理费、联合试车费等。将单项工程费用预算与其他工程和费用预算合计后，再按规定比例列支一笔不可预见费用，即可得到总预算。可见，投资项目固定资产投资预算由三大部分组成：第一部分是单项工程预算，第二部分是其他工程和费用预算，第三部分是不可预见费用。

（二）建设工程总预算的测算

建设工程总预算由建筑安装工程费、设备安装工程费、设备费、工器具及生产用家具购置费、其他工程费用及不可预见费用等几个部分构成。

1.建筑安装工程费

建筑安装工程费可根据有关部门制定的定额、指标或类似的预算来确定。具体测算时，企业应对当地资源、社会环境工程地质、价格水平及定额标准等进行详细调查，以便能比较准确地估算建筑安装工程费。估算时，可先算出单位工程建筑安装工程费，再汇总为单项工程建筑安装工程费，最后汇总为建设项目建筑安装工程费。

2.设备安装工程费

设备安装工程费是指需安装的工艺、计量、仪表、分析、化验、机械维修等设备的安装费用，以及设备内部充填、砌、保温、防腐工程随机带来的成套设备的附属设备的配件，工艺供热、电缆电线等的安装费用。若有现场组装的气柜球罐等大型储罐，则设备安装工程费还应包括仪表的调试和设备管道的清洗费用。此外，设备安装工程费还应包括安装前进行准备工作产生的费用，如拆箱检验及由工地仓库运到安装地点的搬运费、每台设备安装完成后的试运转费、设备承制厂或安装机构人员进行技术指导的费用等。

设备安装工程费可根据安装价目表计算，也可用安装概算指标来确定。这种指标主要有三个：①按占设备原价的百分比计算的安装费预算指标，即设备安装费＝设备原价×设备安装费率，其中各主管部门均规定有设备安装费率；②按设备重量计算的安装费预算指标，即设备安装费＝设备吨数×每吨设备安装费，其中各主管部门也规定有每吨设备安装费；③按设备数量来计算的概算指标。

如果安装的是引进设备，且外商提供的设备清单比较详细，则可按各类设备的安装概算指标确定其费用。至于工艺设备的保温、防腐、清洗、刷漆等内容，则可按设备清单总价乘以一个综合系数来确定。综合系数主要由各主管部门提供。

3.设备费

设备费包括一切需要安装与不需要安装的设备及应配备的设备备件的购置费用。通用设备的设备费可根据国家有关部门的定价来确定，非标准设备的设备费可根据国家有关部门制定的统一计价标准来计算确定。在没有设备清单的情况下，如果只有项目大体的生产规模及工艺流程要求，则可根据类似企业的设备价格来估算项目的设备费。设备费应包括原价、运费、供销部门手续费、包装费等内容。

如果安装的是引进设备，那么设备费一般包括引进设备的合同价值、保险费和海运费。引进设备的合同价值一般包括材料费（含备品、备件）、设计费、专利费、技术服务费等。合同价值可以根据谈判过程中外商的报价来确定，或根据技术设备引进单位派人出国考察时了解到的价格来确定，也可以通过向中国技术进出口公司询问来确定。如果国内已引进该设备，则可通过调查据以确定。合同价值通常以输出国的价值表现形式和货币单位来表示，如多少美元、多少欧元等，因此企业需按规定的汇率将其折算成人民币。引进设备的合同价值可以用出口国的离岸价格表示，也可以用设备到达我国口岸的到岸价格表示。在用离岸价格表示时，总合同价值还应加上海运费和保险费，从而构成该技术设备的设备费。

海运费是指从输出国口岸到我国沿海口岸间的海上运输费用，公式为：海运费＝海运费单价×设备材料重量。海运费单价一般由航区确定。

保险费指设备装置在海上运输的过程中为了防止意外事故造成损失而由被保险人付给保险人的费用，一般按保险金额的一定百分比计取，公式为：保险费＝保险金额×保险费率。其中，向国外保险公司投保时，保险金额计算公式为：保险金额＝设备离岸价格（外币）×（1＋运费率＋保险费率）。

4.工器具及生产用家具购置费

工器具及生产用家具购置费是指投资项目为生产准备所购置的不够固定资产标准的设备、仪器、工卡模具、生产家具和备品及备件的费用。工器具及生产用家具购置费一般按设备总投资的一定百分比计算，也可以按生产工人人数计算。

5.其他工程费用

其他工程费用包括土地征用及迁移补偿费、勘察设计费、可行性研究费、设备检验费、负荷联合试车费、生产职工培训费等。这些费用按国家有关部门的规定估算。

6.不可预见费用

不可预见费用是指在初步设计和概算中难以预料的工程费用，一般在民用建设工程中占总概算造价的 3%左右，在工业建设工程中占总概算造价的 5%左右。目前，在我国投资银行的项目预算中，外汇部分不可预见费用按进口设备原价的 10%计算，人民币部分按建筑安装工程和国内设备原价的 5%计算。

二、流动资金投资预算

投资项目除了固定投资支出以外，还需一笔用于购买原材料、燃料动力及支付工人工资等的费用。过去，人们在进行投资项目投资总额预算时，通常会忽视流动资金的预算。企业管理者容易产生以下观念：

第一，投资项目的投资基本上是固定资产投资，不涉及流动资金投资。

第二，投资项目的投资是资金的长期投入使用，不涉及流动资金投资。

第三，投资项目一旦建成，自然会有现金流入，以供流动资金之用，企业不必在投资计划中预先安排流动资金。

但事实上，流动资金的存在是维持正常生产和经营的一个条件，随着投资项目的建成和生产的发展，这部分资金还应逐渐增加。投资主体只有具备一定数量的可供支配的流动资金，才能维持正常的生产和经营的需要，才能具有承担风险和处理意外损失的能力。因此，投资项目的预算管理应充分重视流动资金投资预算。

按其在再生产中所起的作用及在周转中所处阶段的不同，流动资金可以分为生产领域的流动资金，如储备资金和生产资金；与流通领域的流动资金，如成品资金、结算资金及货币资金。按管理方式的不同，流动资金又可分为定额流动资金和非定额流动资金。定额流动资金包括储备资金、生产资金和成品资金，是项目流动资金的主要组成部分。非定额流动资金包括结算资金和货币资金，在项目流动资金中所占的比重较小，各自的预算方法也有不同。

（一）流动资金的一般预算方法

在预算管理中，流动资金预算主要是对定额流动资金，即储备资金、生产资金、成品资金三部分流动资金需要量的预算。具体预算可按照财务制度规定的方法进行。

1.储备资金的预算

储备资金是生产中为储备原材料、燃料、修理用备品及备件等所需要的资金。储备资金一般按主要储备物资的品种，用周转期法进行预算。

资金在途日数指在所购原材料到达前，因先付款而占用资金的日数，即从支付原材料价款日起到原材料验收入库为止的日数。有时候，一种原材料可能由几个单位从不同地点供货，这时就应计算平均在途日数。

2.生产资金的预算

生产资金是指从原材料、燃料等投入生产开始，到产品入库为止的整个生产过程所需要占用的流动资金。它主要表现为产品和半成品的资金占用。生产资金占用多少，主要取决于原材料等在生产工艺上停留的时间。停留时间越长，占用资金就越多；停留时间越短，占用资金就越少。

3.成品资金的预算

成品资金是指从产品入库到发出商品、收回货款为止所需占用的流动资金。成品资金可按成品种类分别计算，种类多时可按一定标准归类计算。

4.非定额流动资金的预算

非定额流动资金包括结算资金和货币资金。结算资金是在结算过程中所占用的一部分资金，包括应收及预付账款等项目。应收未收和预付未归都是一种资金占用，这些费用事先很难确切地估计，可根据项目的具体情况进行预算。例如，对于应收账款，鉴于它是产品销售后应收未收而占用的资金，因此按照一个月的经营成本计算；对于预付账款，鉴于它是购买原材料、燃料等预付而占用的资金，可以用原材料、燃料等一个月的耗用量来计算。货币资金包括库存现金和银行存款，它实际上反映了生产与流通过程中以现金和银行存款的形式占用的资金，它们在不同时间里是不一样的。在预算管理中，货币资金可以用总成本与原材料、燃料、辅助材料等差额的半个月需用量来计算。

上述定额流动资金与非定额流动资金的合计，即为项目所需的全部流动资金。

（二）用比例法预算流动资金

上述流动资金预算是采用定额天数法计算的。这种方法虽然比较准确，但由于资料不全等原因难以实际运用。在预算管理中，流动资金预算通常采用较为简单的比例法进行。比例法就是根据有关因素之间的比例关系预算投资项目的流动资金需要量的方法。

根据基建投资比例计算：流动资金＝项目基建投资费用×流动资金占基建投资的比例。

根据产值比例计算：流动资金＝计划年度总产值×计划产值资金率。

根据成本计算：流动资金＝全部产品计划成本总额×计划成本资金率。

根据固定资产原值计算：流动资金＝固定资产原值（百元）×平均百元固定资产。

根据利润估算：流动资金＝计划年度产品销售利润×计划利润资金率。

以上各种比率，主管部门均有规定。凡主管部门有规定的，按其规定计算；如果没有规定，可按照惯例，结合项目的实际情况加以确定。

第三节 投资项目决策管理

在拟投资项目经过可行性管理后，如果得出的结论是可以投资，那么企业就可以提出若干个可供选择的建设方案。这些方案可能各有优点和缺点，或者存在着某些不确定的因素，因此企业需要采用一定的决策方法，权衡利弊，选择出最佳的建设方案，这一过程即为投资项目的决策管理。经过长期的研究和实践，人们提出了多种决策管理的方法，运用这些方法进行企业的投资项目决策管理，将大大提高企业决策管理的水平。

一、动态分析法

动态分析法的特点是考虑资金的时间价值。动态分析法包括以下几类：

（一）现值法

现值法是把投资项目在计算期内的现金流出与流入换算为现在时点（一般以零点作现在时点）的现值，根据累计的收益与费用现值的大小评价项目经济效益的一种方法。现值法常用的评价指标有净现值、净现值率和费用现值。

1.净现值

净现值是指整个项目计算期内累计的净现金流量现值，即项目总收入与总支出的现值之差。

2.净现值率

净现值指标反映的是投资项目净现值的绝对数额。在进行多方案比较时，若各方案的计算期一致，则净现值最大的方案为最优方案，而不考虑投资额的大小。当投资者注重单位投资的盈利能力，或者对比方案投资额的差别比较大时，通常用净现值率作为净现值的辅助指标。净现值率是项目净现值与总投资现值之比，反映项目的单位投资所获得的净现值。

3.费用现值

费用现值指标主要用于两类项目的方案评价：①有些项目的收益难以用货币单位直接计算，如安全保障、环境保护、工人劳动条件的改善等，对于这类项目，若各备选方案能满足相同的需要，则只需比较其投资与经营费用；②对于可用货币单位计算收益的项目，如各备选方案逐年收益相等，也可略去收益，按总费用最小的原则进行方案比较。

（二）投资收益率法

使用现值法评价投资方案的经济效果需要事先给定一个标准折现率，它反映了投资者所希望达到的单位投资年均收益水平，若净现值大于零，则表明单位投资的年均收益水平高于标准折现率，但现值法没有直接给出单位投资的实际年均收益水平。企业如果希望了解投资方案单位投资的实际年均收益水平，则需使用投资收益率法进行方案的经济效益评价。动态投资收益率法常用的评价指标有内部投资收益率和外部投资收益率。

1.内部投资收益率

内部投资收益率是投资方案净现值等于零时的贴现率，它反映了投资项目在整个寿命期内的平均资金盈利能力。对于内部收益率的经济含义，有这样的解释：在利率等于内部投资收益率的条件下，在整个项目寿命期内，始终存在着未被收回的投资，而在项目寿命期终了时，投资恰恰被完全收回。

2.外部投资收益率

对投资项目内部收益率的计算，隐含着一个基本假定，即项目寿命期内所获得的净收益全部用于再投资，而且再投资的收益水平均等于内部投资收益率。由于投资机会的限制，这种假定通常难以与实际情况相符，故实际计算时一般采用外部投资收益率。

（三）投资回收期法

投资回收期也叫"返本期"，它是指一个投资项目以其每年的净收益抵偿其全部投资所需要的时间。在项目的最终评价中，投资回收期必须小于国家规定的标准回收期，这样项目才可以被接受。

投资回收期是反映投资项目财务清偿能力的重要指标，其主要优点有：①投资回收期实际反映了资金的周转速度，由于企业普遍缺乏资金，以投资回收的快慢作为决策的依据是很有意义的；②它能为决策者提供一个原始投资得到补偿之前的缓冲时间；③概念简单，不确定性因素少，易于接受。鉴于这些优点，投资回收期常作为企业评价项目和比较方案的重要依据。

动态投资回收期考虑了资金的时间价值，实际上是指从投资年开始到方案净现值等于零时的年限。

二、不确定性分析与风险决策

企业在进行投资项目的经济效果评价中所使用的投资、成本、产量、价格等基础数据，大多数是根据过去的资料和经验进行的预测和估算。由于环境条件及有关因素的变动和主观预测能力的局限，人们对投资项目的分析和预测通常不可能完全符合未来的情况和结果，即存在着投资风险和不确定性。例如，投资超支、工期拖长、生产能力达不到设计要求、原材料价格上涨、工资上涨、产品销售波动、市场需求量变化、贷款利率变动等都可能使投资达不到预期的经济效果，甚至发生亏损。为了掌握在未来外部条件发生变化时投资方案经济效益的变动情况，以便做出相应的决策，减小投资风险，企业还应该对其投资项目作不确定性分析。常用的分析方法有盈亏平衡分析、敏感性分析、概率分析等。

（一）盈亏平衡分析

盈亏平衡分析通常根据项目正常生产年份的产品产量或销售量、生产成本（固定总成本和单位产品可变成本）、产品价格和产品构成（产品数量为两种以上）等方面的数据确定项目的产量盈亏平衡点，分析、预测产品产量（或生产能力利用率）对项目盈亏的影响。

盈亏平衡点就是项目在既不盈利又不亏损的条件下的最低生产水平或销售水平。在此点，项目既不盈利也不亏损，项目的总成本等于其总收益。在此点上面的项目将获得利润，在此点下面的项目会发生亏损。

（二）敏感性分析

敏感性分析可用于测定在一个或多个不确定因素变化时，企业的投资项目决策评价指标的变化幅度，从而判断各个因素变化对实现预期目标的影响程度。

1.敏感性分析的步骤和内容

在进行敏感性分析之前企业要选定需分析的不确定因素，并设定其变化范围。影响企业投资经济效果的不确定因素通常包括投资额、项目寿命期、经营成本（特别是其中的变动成本）、产品价格、产品质量及销售量、项目建设期、项目设计生产能力及达到设计水平所需的时间、标准折现率等。事实上，企业只需选择对方案的经济效果有很大影响的指标进行敏感性分析，或对在确定性分析中采用的某因素的数据准确性把握不大的进行敏感性分析，而不必针对所有不确定因素进行敏感性分析。

2.确定分析指标

由于敏感性分析是在确定性经济效果评价的基础上进行的，所以企业在进行敏感性分析时，其指标选择应与确定性分析使用的指标保持一致。

（1）单因素敏感性分析

单因素敏感性分析，即在计算某因素的变动对经济效益评价指标的影响时，假定其他因素不变，在对各个不确定因素进行逐个计算的基础上进行分析。

（2）多因素敏感性分析

企业投资项目的经济效益受到多种因素的影响，它们的变动通常具有相关性，一个因素的变动通常伴随着其他因素的变动。为了考察多个因素同时变动对方案经济效果的影响，以判断投资方案的风险情况，企业需进行多因素敏感性分析。

（三）概率分析

企业通过敏感性分析，可以对其投资方案经济效益的不确定性进行初步的定量描述，但并未对不确定因素在未来发生作用的可能性（即概率）加以估计。因此，很可能会出现以下情况：

通过敏感性分析找出的某一敏感因素在未来发生不利变动的概率很小，因此实际上带来的风险很小，以至于可以忽略不计；而另一不太敏感的因素在未来发生不利变动的概率却很大，实际上带来的风险比那个敏感因素更大。

为了更加客观地反映实际情况，企业需要通过研究各个不确定因素发生不同幅度变化的概率及其对投资方案经济效益的影响，对方案的净现金流量及经济效果评价结果作出某种概率描述，从而判断方案的风险情况，这就是概率分析。

概率分析的基本原理是：假定影响投资项目经济效果的各不确定因素、方案的净现金流量及方案的经济效益指标是服从某种分布的随机变量，在进行概率分析时，要先对各不确定因素作出概率估计，并以此作为基础计算方案的经济效益，最后通过经济效益的期望值方案、标准差及离差系数来反映方案的风险和不确定性。在投资方案风险与不确定性分析中，正态分布应用最为广泛。

第六章 会计信息化在营运资金管理中的应用

第一节 营运资金的概念界定

一、现有营运资金概念界定不足

"营运资金"来源于财务报表，它的出现与财务报表分类列报的演变息息相关，营运资金在产生之初是作为财务分析的重要工具或衡量指标而存在的。目前，大多营运资金管理研究都是以流动资产减流动负债的净营运资金概念为基础的，这种概念界定在债权人评价企业的流动性和偿债能力时具有一定的意义，但是从企业经营管理的角度来看未必准确。这样的概念界定不仅禁锢了营运资金管理的理论研究，也不符合企业营运资金管理的实践，是营运资金管理效率低下的根源。

（一）现有营运资金的概念界定束缚了企业营运资金管理的视野

现有营运资金项目仅包括流动性项目，企业营运资金管理的研究局限于各流动性项目管理的研究，即便是整体性营运资金管理的研究，也仅局限于流动项目之间的整体性，这束缚了企业营运资金管理的视野和范围。

营运资金管理研究始于单独流动资产项目优化的研究。对存货、现金及应收账款等重要营运资金项目，国内外学者提出的许多模型或方法至今仍被广泛使用。基思·史密斯在 1972 年指出，尽管对各个营运资金项目管理的研究已有很大进展，但将营运资金作为一个整体进行的研究却进展不大。基思·史密斯还第一次探讨了整体营运资金规划与控制的内容。1989 年，约翰·汉普顿和塞西利亚·瓦格纳出版了《营运资金管理》一书，其内容不仅包括流动资产管理，还拓展到了信用评级、短期融资、消费者信贷等方面，但是仍旧局限于流动项目的局部规划，忽略了短期资金与长期资金的配合，在一定程度上，也束缚了企业营运资金管理的视野。

（二）现有营运资金的概念界定导致了企业营运资金管理的短期行为

企业对营运资金的管理局限于流动性部分的管理，营运资金管理的绩效衡量局限于流动性指标的计算，流动性指标作为利益相关者衡量企业营运资金周转情况的重要指标而备受关注。企业为了得到较为"美观"的流动比率，通常会做出"短债长还""长债拒还"等短视行为，这不仅可以降低流动比率，还可以粉饰企业财务状况。虽然会使部分企业短期内的营运资金周转比率变得"美观"，但却是以长期营运资金效率的低下为代价的。从长期来看，这不利于营运资金管理的长远整体规划，也导致了企业营运资金管理效率低下。

（三）现有营运资金的概念界定不符合企业管理实践

现有营运资金的概念界定过于狭窄。在企业营运过程中，营运的概念代表了整个资金的统筹规划，既包括短期流动资金也包括长期资金。而理论研究还停留在对单个流动项目的管理规划上，这显然与实际不符，由此造成了营运资金的概念界定名不副实。营运资金理论研究与实践做法的脱节，束缚了营运资金管理研究的发展。

因此，人们需要从企业管理角度出发，重新考虑营运资金的概念，使其符合企业管理实践，这样才能从根本上提高营运资金管理绩效。

二、营运资金概念重构与分类的初步设想

（一）营业活动与营运资金

每家企业都是其内部利益相关者（或企业所有者）集体选择的产物，为内部利益相关者创造价值是所有企业共同追求的目标。无论什么样的企业，要实现其目标，都必须开展营业活动，而一切营业活动的开展都离不开资金的支持。因此，营运资金的概念与营业活动紧密相连。对营业概念的理解不同，营运资金的概念也就不同。

通常，人们将企业的全部经济活动划分为经营活动、投资活动和筹资活动三大类，并将投资活动和筹资活动合在一起称为理财活动，从而将全部经济活动划分为经营活动

和理财活动两大类。与这种认识相对应,营业活动被视为经营活动的同义语,投资活动、筹资活动则依附于经营活动而存在;从事营销、生产、采购等经营活动的人员是企业的关键员工,而理财活动由于被视为服务性、辅助性的活动,相应的从业人员也被视为辅助人员。从以前的营业利润将投资收益排除在外、现金流量预算中以经营活动现金余额明细的预算为主体,以及营运资金周转期被简化为"存货周转期+应收账款周转期-应付账款周转期"等现象中,人们都可以看到这种认识的痕迹。在狭隘的经营观念下,经营活动是为企业创造价值的主要业务,营业活动等同于经营活动,而投资活动则附属于经营活动而存在,并以服务经营活动为目的。在产品处于供不应求状态而资本市场也不够发达的 20 世纪,将经营活动作为企业的主要活动,将投资活动和筹资活动作为附属活动,是无可厚非的。但是,在大部分产品供过于求且资本市场高度发达的现在,若仍将产品经营作为首要活动而将投资活动和筹资活动作为附属活动显然已不合时宜。

事实上,经营活动是企业运用资金为其内部利益相关者创造价值的一种活动,而投资活动同样也是企业运用资金为其内部利益相关者创造价值的一种活动,两者都是运用资金的活动,而且目的也是相同的,不同的只是直接运用资金的主体不同。经营活动是企业直接运用资金为其内部利益相关者创造价值,而投资活动则是企业将资金的直接使用权转移给被投资企业,通过分享被投资企业创造的价值以实现为其内部利益相关者创造价值的目标。基于此,人们应拓宽营业活动的范畴,将营业活动界定为企业从事的各种运用资金为其内部利益相关者创造价值的活动,包括经营活动和投资活动两大类。前者是企业运用资金直接为内部利益相关者创造价值的活动,后者则是企业运用资金间接为内部利益相关者创造价值的活动。与此相对应,企业的全部经济活动应划分为营业活动和筹资活动两大类。前者是企业运用资金的活动,后者则是企业为营业活动提供资金保障的活动。这种营业观念不仅更有助于解释为什么营业利润由原来不包括投资收益到现在将投资收益包括在内的转变,而且更有助于厘清业务与财务的关系,并赋予营运资金以新的内涵。在拓展的营业观念下,企业的资金在经营活动和投资活动之间如何配置,完全取决于哪类活动的配置效率更高,即在同样的资金投入前提下哪类活动能够为内部利益相关者创造更多的价值。企业的筹资活动不再仅仅考虑为经营活动提供融资支持,也要将投资活动的融资需求统筹考虑在内。

无论是从企业的使命,还是从资金运动的过程和内在逻辑来看,经营活动和投资活动都是具有共性的经济活动,也应该是企业的主要经济活动。企业的使命是通过运用资本为投资者创造价值,实现资本的增值,至于以何种方式实现资本的增值则是企业经营管理的自主选择。经营活动固然是企业运用资本、实现资本增值的重要方式，但并非唯一的方式。投资活动同样也是企业运用资本实现资本增值的重要方式。经营活动与投资活动的共性有两方面：一方面，两者都是企业旨在运用资本实现资本增值的活动；另一方面，两者都是企业的主要活动，如果企业没有了运用资本的经营活动和投资活动，筹资活动就失去了意义。因此，筹资活动必须依附于经营活动和投资活动而存在，是从属于经营活动和投资活动的辅助活动。科学的经济活动分类应该是将经营活动和投资活动划分为一类，称为营业活动，它也是企业的主要活动；而筹资活动，作为从属于营业活动的另外一类而存在。每一个企业都要通过开展营业活动实现资本增值，从而为投资者创造价值，至于企业是将资本更多地投放于经营活动，通过产品经营来实现价值创造，还是更多地投放于投资活动，通过资本经营和资本运作来实现价值创造，则完全取决于哪一种资本运用方式的投资回报率更高，它们之间根本不存在天然的主从关系。

相对于运用资本的经营活动和投资活动来说，筹资活动完全是一种从属性的活动，其意义和使命就在于为经营活动、投资活动需要运用的资本提供保障。显然，将企业的全部经济活动划分为营业活动和筹资活动既是企业营业观念拓展的体现，更是理顺业务、财务关系的科学选择。无论是从财务报告的营业利润由以前不包括投资收益在内到现在将投资收益涵盖其中，还是联合概念框架讨论稿所体现的理念及专业化的投资经理人队伍的兴起和资本经营、资本运作观念的广为接受，都体现了人们对这种新的分类方式的认同。

因此，如果与营业活动相联系来界定营运资金，从事经营活动和投资活动的业务管理人员可能关心的是在这些日常运营的活动中需要投入的资金总额，其心目中的营运资金就是指营业活动所占用的全部资产，而财务管理人员更关注营业活动对资金的融资需求。因此，从与营业活动相联系的角度来界定营运资金，是必要且合理的。

（二）营运资金概念的重新界定

从企业管理实践的需要来重构营运资金的概念，需要结合企业营运资金管理的实际和难点。一方面，人们应考虑企业中营运资金的实际界定。传统营运资金只考虑流动资产与流动负债的相互关系，并没有考虑长期资产与长期负债在企业运营过程中所起的作用。以企业的固定资产为例，它是企业正常运营离不开的资产，即企业运营的必要条件之一，固定资产是资金占用的一个方面，企业在进行营运资金管理时自然要把固定资产的占用考虑在内。固定资产等非流动资产不仅影响了其他项目的资金占用，而且作为企业运营不可缺少的部分，理应是营运资金的组成部分。因此，营运资金不应只包含流动资产与流动负债，还应包括非流动资产与长期负债。另一方面，整体性营运资金管理应从协调性入手。由于狭窄的营运资金的概念界定导致营运资金管理只能关注流动性，而单纯从流动性的角度来考虑营运资金管理，是营运资金管理效率低下的根源。只有考虑营运资金管理的整体性与协调性，才能使其有实质上的突破。具体而言，营运资金管理不应只考虑短期资产与短期负债的管理，而应该考虑企业长期资金与短期资金的协调，并注重考察企业筹资与用资的关系。

可以从以下两个层面来界定营运资金或营运资本：

①从资金使用或营业活动的资金需求的层面来看，营运资金的概念可以界定为总资产减去营业活动负债后的差额，换言之，营运资金为营业活动的资金净需求。这一差额不仅反映了维持营业活动（经营活动、投资活动）运营的资金净需求，而且为衡量企业供应链管理、客户关系管理等业务管理与财务管理的融合效果提供了很好的指标。这一差额越小，说明企业在营业活动中的资金净融资需求越小。

②从资金融通或资金来源的层面来界定营运资金，是为了与从资金使用或营业活动的资金需求角度定义的营运资金区别开，人们将从这个角度定义的营运资金称为营运资本，即营运资本等于流动资产与流动负债的差额，其表示企业长期资本（长期金融性负债和所有者权益）用于满足企业营业活动营运资金需求的数额。

综合上述两个方面的分析，营运资金是指企业正常营业运行过程中用于日常周转的所有资金。营运资金的概念界定为企业在营业活动（经营活动和投资活动）中净投入或净融通的资金等于资产减去因营业活动（包括经营活动和投资活动）带来的负债。即营运资金＝营业活动资金净需求＝总资产－营业活动负债。

这个结果才能够代表企业营业过程中用于日常周转的资金，即营业活动中运用的资金，从而便于营运资金的管理。

如前文所述，人们将流动资产减去流动负债的差额称为营运资本，而营运资本对于分析企业的流动性和短期偿债能力也具有重要的作用。对营运资金的概念进行重新界定并不代表不重视企业的流动性资金，营运资本仍然是营运资金概念中重要的组成部分。

由此，营运资金＝营业资产－营业负债＝（经营资产＋投资资产）－（经营负债＋投资负债）＝（经营资产－经营负债）＋（投资资产－投资负债）＝经营活动营运资金＋投资活动营运资金。在这个等式中，营运资金的概念不再强调流动性与非流动性，而是更加强调营运资金的运动方向，资产和负债的内部划分也强调其来源与使用。

三、营运资金的重新分类

在对营运资金概念进行重新界定的基础上，应从营运资金的重新分类方面提高营运资金管理效率，而分类标准的确定决定着营运资金管理的重点、难点和效果。通过前文的分析可知，一方面，将企业的价值创造业务与价值创造结果作为分类列报的标准，能为信息使用者对企业进行分析、评价提供便利，对分析企业的价值具有重要意义；另一方面，价值创造双方的相对应关系把筹资活动和用资活动有机地联系起来，使之成为一个整体。

根据资金的筹集与应用的关系可知，营运资金代表了企业所运用的资金，总营运资金即营业活动所占用的资金，包括经营活动营运资金和投资活动营运资金。投资活动营运资金上升到与经营活动营运资金同样重要的管理地位。

业务项目包括管理当局视为持续业务活动组成部分的资产和负债，以及这些资产和负债的变动。营业活动是指那些旨在创造价值的活动，换言之，凡是能够创造价值的活动都属于营业活动。营业活动营运资金是指与客户、供应商、雇员等交易所形成的资产和负债，这类交易通常直接与主体的价值创造活动相关。其中既包括了经营活动又包括了投资活动。例如，生产产品、提供劳务、购买股票及固定资产。经营性资产和经营性负债的所有变动，应该列示于全面收益表和现金流量表中的经营类别。

投资活动被管理当局认作与企业业务活动核心目的无关的资产和负债。投资活动同样为企业创造价值，其所占比重根据企业类型及环境的变化而不同。主体有可能利用投资性资产和投资性负债去取得回报。例如，通过利息、股利、市场价格上涨等方式来取得回报。投资性资产和投资性负债的所有变动，应该列示于全面收益表和现金流量表中的投资类别。经营类别与投资类别的主要区别在于其活动是基于"核心"还是"非核心"。虽然《国际会计准则第 7 号——现金流量表》与《美国财务会计准则第 95 号——现金流量表》也都划分了经营活动、投资活动和筹资活动，但是其含义是有差别的，后者是根据经济业务性质和现金流量来源进行划分的。根据《国际会计准则第 7 号——现金流量表》和《美国财务会计准则第 95 号——现金流量表》，财产、厂房、设备的购买和处置等，都属于现金流量表中的投资活动。根据前面的观点，正常情况下，财产、厂房和设备等都属于经营活动，它们与产生主营业务收入或其他业务收入的经济活动是直接相关的。这样也增强了经营利润、经营性资产、经营性现金流量三者之间的内在一致性。

经营活动营运资金包括材料存货、产品存货、库存商品、应收账款、应收票据、长期应收款、固定资产、无形资产、在建工程、预付账款、其他应收款、应付账款、应付票据、预收账款、应付职工薪酬、应付税费、长期应付款等。

投资活动营运资金包括货币资金、交易性金融资产、应收股利、应收利息、可供出售金融资产、持有至到期金融资产、长期股权投资等。之所以将货币资金归入投资活动营运资金中，是因为企业经营活动营运资金以其他经营用的资产形态存在，企业以货币资金状态存在的这部分资产处于一种投资状态。

营运资金管理的进一步落实需要与企业业务活动紧密相连，营运资金管理研究于20世纪90年代就与供应链理论、渠道理论等相结合，并在企业实践中得到了检验和认可。在将营运资金分为经营活动营运资金和投资活动营运资金的基础上，经营活动营运资金可以按照其与供应链或渠道的关系进一步分成采购渠道的营运资金、生产渠道的营运资金和营销渠道的营运资金。

基于供应链或渠道对营运资金进行分类，不仅能将各个营运资金项目涵盖在内，还能清晰地反映出营运资金在渠道上的分布状况，从而为基于渠道管理的营运资金管理绩效评价和管理策略制定奠定基础。

第二节 营运资金管理的观念转变与目标定位

一、营运资金管理的观念转变

营运资金的重新界定与分类是为营运资金管理服务的，且必然带来营运资金管理的观念转变。传统营运资金管理在现有流动资产减流动负债的定义下，只重视对流动性项目的管理，致力于提高流动性项目的周转速度，提高营运资金管理绩效。进入21世纪以来，营运资金管理与渠道关系管理理论相结合，使营运资金管理研究迈上了新的台阶。但是基于渠道管理的营运资金管理的重点是经营活动的营运资金，一方面，它忽略了投资活动营运资金与经营活动营运资金同等的管理地位，不便于投资活动营运资金为创造企业价值服务；另一方面，它忽略了资金的来源与用途的合理搭配，使营运资金管理的视角变得狭隘。

由于营运资金管理拓展了长期资金管理的部分，因此营运资金管理应从营运资金的筹措和使用出发，结合供应链或渠道理论，在权衡风险与收益能力的前提下，注重营运资金整体性和协调性的管理。具体而言，在新的界定和分类下，人们应该基于以下几个方面认识营运资金管理：

（一）营运资金的筹措和使用是其基本管理视角

营运资金的筹措和使用是新界定的营运资金管理的基本管理视角。无论开办什么样的企业都必须有一定量的资金，并且要将其转化为再生产过程中使用的营运资金。企业的营运资金表现为营运资金的使用与营运资金的筹措的对立统一，它们是相互依存、相互制约的。营运资金一方面要以一定的形式作用在一定的项目上，另一方面又应有其相应的来源。使用与筹措，有了一方，一定会出现另一方；失去了一方，另一方也将不复存在。

营运资金来源与营运资金使用的划分明确了企业价值创造双方的关系，将企业的价值创造业务与价值创造结果更好地连接起来，有利于信息使用者对会计主体的价值创造活动进行分析评价。营运资金的使用和营运资金的筹措的相互配合可以更清晰地考量营运资金管理的绩效，企业应该利用好筹资活动的营运资金，使其发挥最大效用；应该本着"什么业务配置什么营运资金项目"或者"什么需求找什么钱"的原则，充分把握资产负债表左右两侧项目的内在关联与差异，把握好营运资金的筹集和使用问题。所以，营运资金的筹措和使用是营运资金管理的基本视角。

（二）营运资金的协调性问题是营运资金管理的重点

在营运资金筹措与使用的基本视角下，营运资金的协调性是营运资金管理的重点。营运资金的协调性具体表现为协调经营活动营运资金与投资活动营运资金，协调短期营运资金与长期营运资金，协调采购渠道营运资金、生产渠道营运资金与营销渠道营运资金。

1.协调经营活动营运资金与投资活动营运资金

经营活动营运资金与投资活动营运资金都是以为企业创造价值为目的的，它们具有同等的管理地位。增大创造价值的可能性需要经营活动营运资金与投资活动营运资金的相互配合，如何让有限的资金被有效地分配在经营活动和投资活动之间，寻求其创造价值的最大化是企业需要努力的方向。因此，协调经营活动营运资金与投资活动营运资金既需要观念上的转变，又需要行动上的配合。

2.协调短期营运资金与长期营运资金

新界定的营运资金将长期资产部分纳入其范畴，并不代表不再考虑资金的流动性，而是应当关注长期营运资金的地位，使短期营运资金和长期营运资金协调配合，从而提高营运资金的管理效率。长期营运资金与短期营运资金同样都是企业的营运资金，从企业长远发展来看，一味关注流动性资金的管理效率，势必为企业带来一定的短期效益，损害企业长期营运资金管理绩效。处理好短期资金和长期资金的关系，从长远看会提高营运资金的绩效。

3.协调采购渠道营运资金、生产渠道营运资金与营销渠道营运资金

基于渠道管理，经营活动营运资金分为采购渠道营运资金、生产渠道营运资金和营销渠道营运资金，如此分类将营运资金更好地落实到了各业务流程。企业要考虑各渠道营运资金的整体同步，使三个渠道营运资金周转形成闭环；企业还要协调各渠道的周转速度，保证营运资金的顺畅运转。采购渠道营运资金、生产渠道营运资金、营销渠道营运资金的管理不能顾此失彼，每个渠道营运资金的绩效固然重要，但保证了三个渠道营运资金管理的连贯一致性，整体营运资金绩效也就得到了提高。

二、营运资金管理的前提问题

（一）营运资金的筹措和使用

1.营运资金的筹措

企业筹资是指企业根据自己的生产经营、对外投资和调整资本结构的需要，通过筹资的方式，筹措所需资金的财务活动。筹集资金是企业资金运动的起点，是决定企业规模和生产经营发展速度的重要环节。企业筹资的基本目的是维持自身的生存与发展和增加股东财富。企业具体的筹资活动通常受特定目的的驱使，筹资目的对筹资行为和结果会产生直接影响。

按照资金的来源渠道不同，筹资可分为权益性筹资和负债性筹资。权益资本是指企

业股东提供的资金，企业可通过发行股票、吸收直接投资、内部积累等方式筹集权益资本。权益资本不需要归还，筹资的风险较小，但其期望的报酬率较高，因此企业付出的资本成本也相对较高。借入资金是指债权人提供的资金，企业通常可通过发行债券、借款、融资租赁等方式筹集借入资金。借入资金要按期归还，有一定的风险，但其要求的报酬率比权益资本低，企业付出的资本成本也较低。

企业筹资渠道即企业取得资金的来源和途径，体现着资金的源泉和流量。目前，我国企业的筹资渠道主要有国家财政资金、银行信贷资金、非银行金融机构资金、其他法人单位资金、民间资金及企业内部形成资金。企业具体取得资金的方法主要有吸收直接投资、发行股票、借款、发行债券、租赁、商业信用、利用留存收益等。不同的资金来源，其所能筹资的总量、资金占用时期的长短、资本成本的大小等均不相同。为了有效地筹集所需资金，企业必须遵循规模适当原则、筹措及时原则、结构合理原则和方式经济原则。

研究企业营运资金的筹集有多个切入点，如筹资方式、筹资成本、筹资风险、筹资结构等，但更重要的还是要注意从战略视角分析和把握筹资的决策问题，即要立足于战略分析。筹资的首要目标是足额和适时地满足有效益的资本预算、投资战略及生产经营所需要的财务资源，防止"巧妇难为无米之炊"的情况出现。适时筹资是指企业必须按照投资机会来确定合理的筹资计划，避免因过早取得营运资金而造成资金的闲置，或者因较晚取得营运资金而错过投资时机。足额筹资是指企业无论通过何种渠道、采用何种筹资方式筹资，都应该预先确定营运资金的需要量，使筹资量与需要量相互平衡，防止筹资不足而影响正常经营活动的顺利开展，同时也避免因筹资过剩导致的筹资收益减少。

2.营运资金的使用

使用营运资金是企业创造价值的途径。具体而言，营运资金的使用是指用于经营活动的营运资金和用于投资活动的营运资金的数量分配问题。经营活动和投资活动所占用的营运资金存在此消彼长的关系。传统营运资金管理思想将投资活动作为经营活动的有益补充；在新的营运资金管理视角下，经营活动营运资金水平不再决定投资活动营运资金水平，获利能力决定投资活动营运资金水平。

营运资金根据其在企业营业过程中的不同形态，分为经营活动营运资金和投资活动营运资金。经营活动营运资金可分为固定资金和流动资金两大类。固定资金是指运用在建筑物、机械设备等固定的劳动资料方面的资金，其实物形态叫作固定资产。固定资产的价值是在不断重复的生产过程中逐渐向产品转移的,它在较长的生产过程中发挥着作用,在报废以前,仍然保持其原有的实物形态。流动资金则不一样,一部分流动资金用于购买劳动对象,且劳动对象只要参加一次生产周转,就会改变自己的实物存在形态,并一次性把全部价值都转移到产品上。另一部分流动资金用于支付员工的工资及各项生产费用,作为预付价值一次性全部参加周转。从任何一个周转瞬间来看,企业的流动资金存在于生产的每个阶段,具体表现为采购阶段的原料、主要材料、辅助材料、燃料等的库存储备,生产阶段的在产品、半成品,销售阶段的库存产品、发出商品,结算中的应收账款及处于两次周转之间的货币资金等。

3.营运资金的筹措与使用的关系

营运资金的筹措是营运资金使用的前提,是企业创造企业价值的必要手段。营运资金的筹措不是独立存在的,它的存在是为了支持营运资金的使用,其关键是要确定营运资金筹措的来源和数量问题。筹措的营运资金过多,容易造成资金呆滞的现象,导致资本成本过高,利润降低;筹措的营运资金过少,虽然可以节省成本,但也可能造成周转困难,影响正常的营业活动,增大技术性偿债不足的风险。然而,由于企业财务地位及营运状况的变化,不同的经营环境可能有不同的来源选择与组合。企业唯有通过事先详细的规划来洞悉应该何时借入资金、借入多少资金及何时偿还资金,才能按照企业整体利益的要求做出最合适的资金来源选择。由此看来,营运资金的筹措和使用是价值创造紧密相连的两方,是不可分开考虑的,营运资金的筹措和使用归根结底都是为企业创造价值服务的,营运资金筹措的最优化就是最大限度地满足营运资金的使用,营运资金的使用应该使得筹资活动的营运资金最大限度地创造企业价值。

(二)营运资金的循环周转

营运资金循环周转,企业方能取得利润。营运资金之所以被比作企业流动的血液,正是因为营运资金在企业运转过程中具有重要作用。其数量大小、周转次数均与企业营业利润有直接关系。如果企业能够妥善管理营运资金,不仅可以增强自身的获利能力,还可以加强偿债能力,提高信用能力。

从筹资活动带来的一定数量的营运资金开始形成封闭的流转,经营活动营运资金的周转、投资活动营运资金的周转,各自形成其流转通道又相互传递。其中经营活动营运资金的周转经历了从采购渠道营运资金、生产渠道营运资金到营销渠道营运资金不同形态的转换,最后以利润的形式回到货币资金的形态。

1.经营活动营运资金的循环周转

营运资金在进入企业以后，会随着生产活动不断地运动。企业营运资金的运动，既表现为营运资金的循环与周转，也表现为营运资金的耗费与收回。首先，在经营活动营运资金的循环周转过程中，企业以货币资金购买劳动对象，形成生产所需的储备，企业的资金随之也由货币形态转化为材料储备形态，即形成储备资金，这是经营活动营运资金循环的第一阶段，即采购渠道营运资金。其次，在生产过程中，员工借助劳动资料对劳动对象进行加工，使劳动对象发生形态或性质上的变化，制成劳动产品。在这一过程中，一方面，将原材料投入生产，并用货币支付工资和其他生产费用，之后，企业的营运资金由材料储备的形态和货币形态转化为在产品、半成品形态，即形成生产渠道营运资金；另一方面，在生产过程中使用的固定资产发生磨损及价值转移，企业资金开始逐渐脱离固定资产形态，并转化为在产品、半成品形态。随着生产的继续进行，在产品、半成品最终转化为完工产品，从而脱离生产过程，成为入库待售的产成品。此过程，企业的营运资金由在产品、半成品形态转化为库存的产成品形态，即形成产成品营运资金，这是营运资金循环的第二阶段，即生产渠道营运资金。最后，在营销过程中用货币支付销售费用及为发出销售产品而耗用材料，企业的资金随之由货币形态和材料储备形态转化为发出销售的产品形态。随着产品销售的实现，企业的营运资金终于由发出销售的产品形态重新转化为货币资金形态，这是经营活动营运资金循环的第三阶段，即营销渠道营运资金。自此，企业营运资金完成了从采购渠道营运资金到生产渠道营运资金再到营销渠道营运资金的循环周转。

2.投资活动营运资金的循环周转

投资活动营运资金的循环周转是指企业将货币资金投资于交易性金融资产、长期股权投资等金融资产，企业通过应收的股利收回货币资金，并出售股票取得差价，为企业创造投资收益。当企业需要现金时，会将交易性金融资产转换为现金。投资活动营运资金经过投资与收回的简单阶段，最后又回到原来出发点的过程，就是投资活动营运资金的循环。投资活动营运资金循环周而复始，不断重复，就是营运资金的周转。

（三）营运资金的投入和产出

在营运资金不断循环周转的过程中，营运资金的投入与产出不断配合产生利润。换言之，营运资金运动的结果是可以用营运资金的投入与产出来衡量的。

1.营运资金的投入

营运资金的投入是指营运资金周转循环过程中所付出的营运资金成本。营运资金的投入包括经营活动营运资金的投入、投资活动营运资金的投入。企业生产中的资金耗费，主要表现为生产费用。工业企业为生产产品而产生的厂房、机器设备等劳动资料的消耗，在价值上表现为固定资产的耗费。消耗的原材料及主要材料、辅助材料、燃料等劳动对象的价值及支付的工人工资和各项费用等，表现为流动资金的耗费，这些资金耗费的总和，构成产品的生产成本。此外，在销售过程中，为了销售产品，在包装、发运等方面发生的销售费用，表现为追加的资金耗费。在生产、销售过程中耗费的所有资金，最后都要通过产品的销售来收回。收回的资金中，不仅包括了在生产、销售过程中已耗费的物质资料的价值，还包括了工人在生产过程中新创造的全部价值。因此，所收回的资金除用于补偿生产中的耗费（其中包括支付的工资等）外，其余额就是工人在生产过程中创造的利润。这部分利润应该按照规定在国家与企业之间进行分配，其中一部分要以税金的形式上交给国家。

2.营运资金的产出

营运资金的产出是在循环周转过程中所收回的营运资金，也可以说是对营运资金投入的补偿。由于生产过程又是再生产过程，这一个生产周期所耗费的营运资金，通过产品的销售而收回，从而为下一个周期的生产创造了物质条件。所以，在企业再生产过程中，耗费转化为收回，收回又进一步转化为耗费，如此循环重复，使再生产活动得以连续不断地进行。投入企业的经营资金，也会因为某些原因而退出企业经营过程，脱离企业资金的循环周转。例如，固定资产报废清理等，将引起企业营运资金占用及其来源的减少。经营活动带来的产出包括经营活动产生的利润和折旧的补偿，投资活动带来的产出包括应收股利和应收利息等投资收益。

在实际工作中，营运资金的使用与筹措是对立统一、相互平衡的，统称为营运资金运动的静态表现。而营运资金的投入与产出、循环与周转、耗费与收回，则称为营运资金运动的动态表现。它们相互依存、相互制约、相互转化，从而构成一个有机联系的整体。

三、营运资金管理的目标定位

营运资金管理的目标是营运资金管理理论的核心和起点，是决定营运资金管理绩效评价标准的指导方向。

传统营运资金管理片面追求营运资金的周转速度，是营运资金管理短期行为的根源，这导致了营运资金周转速度的短期提升，不利于营运资金长期保持高效率的运转。在新的营运资金的概念界定下，营运资金管理应在权衡风险和收益的前提下，从营运资金筹措和使用的角度出发，注重营运资金的管理效率，而不仅是周转速度。

在经济学上，效率强调的是资源投入产出之间是否最佳化。从投入面看，一个组织在不以增加其他投入或降低产出量为代价时，就无法进一步减少现行某一投入的使用量，则此组织目前处于有效率的状态；从产出面看，在不以其他产出的减少或增加投入量为代价时，一个组织无法增加现行某一产出的产量，亦可称该组织为有效率的。只有在固定规模报酬的假说下，投入与产出的衡量效率才会相等。就营运资金管理而言，其效率最大化，就是在投入量一定的情况下，使风险与收益协调下的营运资金占用最小，即营运资金产出最高、投入最小。

营运资金是筹资与用资的具体表现。在营运资金管理中，企业按照营运资金的整个循环周转，一方面使筹集来的营运资金得到最好的运用，避免闲置；另一方面使营运资金的使用能够创造最大的企业价值。而企业的收益产生于营运资金流转中，要使收益最大，企业就必须加强对营运资金的管理，加快其周转速度，缩短其循环周转的时间。因此，营运资金管理目标是尽量使营运资金的占用最小，即总成本最低，收益最高。在新的界定下，从企业筹资和用资的角度出发，营运资金管理的总体目标是追求营运资金利用效率的最大化，即在协调风险与收益的前提下使营运资金占用最小（营运资金投入最低、产出最高）。

企业要从以下几个具体目标来保障营运资金管理的效率最大化：

①营运资金的周转性，是指营运资金在企业经营运作过程中的周转速度。营运资金的周转速度越快，说明该项营运资金被利用得越充分，为企业赚取收益的能力越强。

②营运资金的盈利性，是指营运资金在筹措和运用过程中能够为企业带来经济利益的能力。它强调的是营运资金作为一个整体能够为企业创造价值的效用。

③营运资金的协调性，是指协调营运资金各项目、各流程及风险与收益之间的关系

的能力。营运资金的协调性强调营运资金的整体性，即注重协调短期营运资金和长期营运资金之间的关系，注重营运资金的筹措和使用之间的协调，注重采购渠道营运资金、生产渠道营运资金、销售渠道营运资金之间的协调，注重营运资金的风险与收益之间的协调，注重营运资金周转性和获利性之间的协调。

第三节 营运资金管理绩效评价体系的构建

一、营运资金管理绩效评价体系的总体思路

（一）现有营运资金管理绩效评价体系的不足

传统的营运资金管理绩效评价多是采用流动资产周转率指标进行的，主要衡量的是企业各项流动资产的周转效率，主要指标有存货周转率、应收账款周转率、应付账款周转率。但是这些指标只能单独地考察营运资金中的流动资产项目部分的管理绩效，忽视了这些项目之间内在的联系，导致企业在应用这些指标进行评价时经常出现冲突和矛盾。而且这些指标完全没有涉及营运资金中的流动负债部分，所以企业很难从总体上把握存货、应收账款、应付账款周转及其变化对营运资金的具体影响程度，不易判断营运资金的策略变化或所做调整在某一比率上的改善是否会抵消在其他比率上带来的恶化。

现金周期的概念是由汉普顿·哈格在 1976 年提出的，他强调现金周期是用来衡量营运资金流动性的，并指出具有较少的现金资产的企业通常会具有较好的运营绩效，而现金周期较短的企业运营绩效较好。1980 年，理查德和劳克林将现金周期定义为采购现金支出到最终产品销售收回的净时间间隔。虽然后来还出现过"产品—现金周期"及"修正的现金周期"的概念，但始终无法取代现金周期的重要性。

2003 年，马丁·戈斯曼和特里什·凯利提出了"剩余日"指标，是指存货的销售天数和由采购形成的应付账款的清偿天数的差额。该指标是针对美国零售企业的营运资金管理效率提出的，由于零售企业销售商品通常情况下收到的是现金，一般可以忽略应收

账款带来的影响，因此剩余日实际上等同于前述的现金周期。

现金周期与加权现金周期不同之处为两者的假设基础。现金周期假定与原材料、生产、销售及收款有关的所有成本都在周转期的第一天开始形成，并且与产成品的最终价值保持一致。它只是不同流动资金周转天数的简单加减，忽略了处于不同时点、不同生产阶段的流动资产项目所占用营运资金数量的差异。加权现金周期指出，这些成本实际上是在周转期内的每一个阶段被不断投放的，所以企业应当根据其权重进行相应的调整。因此，加权现金周期更加科学，它为管理当局提供了有关营运资金管理状况更加精确的解释。但若要计算加权现金周期，就必须先计算存货的组成部分各自的周转期，而这仅仅是企业内部可以获取的数据。因此，外部投资者很难计算该指标，进而难以对企业的营运资金管理效率作出相应评价。

王竹泉教授提出了基于渠道管理的营运资金管理绩效评价体系，该体系是在将经营活动营运资金按照渠道进行分类的基础上，将营运资金整体管理绩效与经营活动营运资金及各渠道营运资金管理绩效有机衔接的新型营运资金管理绩效评价体系。他认为不论是营运资金总体管理绩效，还是经营活动营运资金及各渠道营运资金管理绩效，均可采用营运资金周转期指标进行评价。但在计算营运资金总体管理绩效和经营活动营运资金管理绩效时，要以销售收入作为周转额；而在评价各渠道营运资金管理绩效时，要分别以销售成本、完工产品成本和材料消耗总额作为周转额。

从绩效评价指标的研究发展可以看出，现代财务管理对营运资金的概念界定都是一致的，即认为营运资金包含了流动资产及流动负债两个部分，所设计的指标融合了对流动资产和流动负债两部分的综合评价。于是，综合评价应收账款、存货及应付账款的现金周转期指标成为最优的选择。从营运资金管理绩效评价指标的发展演进来看，绩效评价指标前后有继承，并呈现出不断完善的趋势，也越来越能满足企业实务界的需要，但是现行营运资金管理绩效评价仍存在以下几个问题：

1.现行营运资金管理绩效评价体系基于原有营运资金概念

无论是现金周转期还是基于渠道管理的营运资金管理绩效评价指标，都是建立在原有营运资金定义的基础上的，这片面衡量了流动性营运资金的绩效，割裂了流动性营运资金与长期营运资金的关系，是企业短期行为的根源所在。

2.现行营运资金管理绩效评价体系只考虑营运资金周转性

营运资金管理绩效评价体系应重视衡量营运资金管理的效果和效率，而现行营运资金绩效评价体系只考虑了营运资金各项目的周转性。营运资金管理的效率是指营运资金在流转中的投入与产出的比率；效率评价显示了营运资金流转转化为效益的程度，即平均营运资金流转量的单位效益。效率评价能够用于评估业务操作时所花费的时间或者比较不同的责任中心的操作情况，而且其可以用货币计量。

3.现行营运资金管理绩效评价体系不注重财务与业务的结合

除了王竹泉教授提出的基于渠道管理的营运资金管理绩效评价体系外，现行营运资金管理绩效评价体系多重视财务绩效的衡量，割裂了营运资金与业务流程的天然联系。

4.现行营运资金管理绩效评价体系不注重财务指标与非财务指标的平衡

一个有效的营运资金管理绩效评价体系，应注重财务指标与非财务指标的互补与平衡。一个有效的营运资金管理绩效评价体系不仅需要像存货周转率、应收账款周转率、应付账款周转率之类的财务指标，还需要像顾客信用（有助于分析应收账款收款时间及收款率）、劳动生产率和管理水平（有助于分析存货占用量及周转时间）之类的非财务指标。将这两类指标结合起来衡量有助于长远、全面、准确地把握企业营运资金管理绩效水平，向相关部门及其有关人员提供努力的重点与方向，以便落实企业战略。财务评价指标侧重于评价过去，而非财务评价指标侧重于评价未来管理业绩的动因，两者之间的平衡和互补使企业能以此为依据进行长期营运资金管理和短期营运资金管理。

（二）构建营运资金管理绩效评价体系的总体思路

无论是营利性组织还是非营利性组织，都是在从事将投入转化为产出的活动，因此通常以产出所能达成组织目标的程度来评估组织的效能。效率的衡量是提高生产力的基础，效率衡量的结果可以帮助决策者了解组织对于资源的使用是否达到了预期目标。有效的绩效评价体系与完善的管理方法是企业经营管理程序中的重要组成部分，它通过定期或者不定期地对企业的生产经营活动进行绩效评估，以事实作为依据，帮助企业发现经营管理中的薄弱环节，并提出相应的改进措施，使企业得以保持长足的发展。

在新的营运资金概念界定下，以营运资金的筹集和使用作为基本视角，营运资金管理的总体目标是追求营运资金利用效率的最大化，即在协调风险与收益的前提下使营运资金投入最低，产出最高。

营运资金管理绩效评价体系包括定量衡量和定性分析两个部分。营运资金绩效评价体系一方面从量化的角度衡量营运资金管理的效率；另一方面分析营运资金各组成项目的品质，并着重分析营运资金整体的协调性，以此作为营运资金管理绩效的补充考量。营运资金管理的定性分析是营运资金管理绩效定量考评的有益补充，能帮助企业更全面地把握营运资金管理绩效的衡量，有利于企业更长远地看待营运资金管理绩效，从整体上关注营运资金管理的协调性。

从量化角度衡量营运资金管理效率有两个层次：第一个层次是总营运资金管理效率衡量，确定营运资金管理的投入项衡量指标和营运资金管理的产出项衡量指标，得到营运资金管理的效率值及其排名；第二个层次是分别使用数据包络分析法对经营活动营运资金管理效率和投资活动营运资金管理效率进行衡量，比较企业经营活动和投资活动营运资金管理效率的差异，分析营运资金管理效率产生差异的原因。

对营运资金的品质分析就是针对营运资金所涉及的主要资产或者负债项目进行必要的定性分析，以作为营运资金管理效率值的必要补充和充分解释。其中包括经营活动营运资金的品质分析、投资活动营运资金的品质分析和整体营运资金的品质分析。

二、用数据包络分析法衡量营运资金管理效率

（一）数据包络分析法

1.数据包络分析法简介

数据包络分析法是查恩斯、库珀与罗德三位学者于 1978 年提出的效率衡量方法。它是根据帕累托最优解的观念，评估一组决策单元效率的方法，衡量出的效率值是客观环境下对受评单位最有利的结果。数据包络分析法最初是为非营利机构提供效率评估的，但后来被广泛应用到生产事业及公共部门组织上。它不仅可用来评估各家企业间的相对效率，亦可衡量某一企业内各分支机构的相对效率，甚至可用来衡量跨地理区域的空间效率。

数据包络分析法是一种以（产出/投入）比率方式呈现的效率评估模式，与所谓的总要素生产力的意义相似。唯一的区别是总要素生产力通常以市场价格当作投入及产出的权重，因此其权重是固定的；而数据包络分析法不需要预先设定生产函数，也不需要人为设定权重，其投入及产出的权重选择是以对自己最为有利为准则的，因此数据包络分析法的权重是变动的。法瑞尔在 1957 年发表了《生产效率度量》一文，以"预设生产函数代替预设函数"来预估效率值，奠定了数据包络分析法的理论基础。他首先提出以

生产前缘衡量效率的观念，利用线性规划的方法求出确定性无参数效率前缘，即效率生产函数。"确定性"是指与企业的技术水准相同，面对相同的生产前缘线；而"无参数效率前缘"则指未对投入与产出预设某种特定生产函数。利用实际被评估单位与效率前缘的相对关系求出被评估单位的效率值衡量出的效率称为技术效率。技术效率是指企业在现有技术的基础上，以一定水平投入项目的最大可能产出。若再考虑成本函数的项目价格比，则可求出价格效率。

数据包络分析法中的数学模式是以分数规划形式呈现的，经过线性转换过程转变为线性规划以求解出最适效率值的数学方法。经数据包络分析法模式分析后，所得结果包括效率分数、各投入产出变数的权数及无效率单位的参考群组和差额变数。一个决策单元的效率分数如果小于1，则为无效率；如果等于1且最佳权数为正，则为有效率。数据包络分析法所能提供的资讯包括决策单位的效率值，以及无效率决策单位应采取的改进措施。数据包络分析法是一种可以有效协助管理者改进组织效率的量化方法。

数据包络分析法效率衡量有以下特点：

第一，能从多投入多产出的作业特征中整合出单一的效率值。

第二，为每个决策单元分别进行最适化分析，得到的效率值是相对效率。

第三，除了能产出整体的效率分数，还能指出无效率的来源及大小。

第四，不需事先假设生产函数的形式。

第五，不受衡量单位不同的影响，能容纳更多元的变数形态。

第六，对变数的选择较敏感。

应用数据包络分析法分为三个步骤：第一，定义与选择要进行分析的决策单元；第二，确定适当的投入产出因素，以评估决策单元的相对效率；第三，应用决策单元模式并分析结果。

2.数据包络分析法在衡量营运资金管理绩效中的应用

舍曼等曾指出，数据包络分析法可视为简单比率分析的延伸。在最简单的情形下，只涉及单一投入和产出，目标函数退化为简单比率。数据包络分析法也可以视为"全部因素生产力"的概括情形。数据包络分析法是以相对效率概念为基础、以数学规划为主要工具、以优化为主要方法，根据多指标投入和多指标产出数据对相同类型的单位进行相对有效性或效益评价的多指标综合评价方法。它把单输入、单输出的工程效率概念推广到了多输入、多输出的决策单元的有效性评价中。由于数据包络分析法在进行效率评价时不是进行简单的排序，而且能够获得更多的管理信息，因此其自诞生之初，便吸引了众多学者，也被广泛应用于经济管理领域。

在已有运用数据包络分析法的文献中，数据包络分析法多用于衡量组织的经营或运营效率的分析评价。例如，对宏观经济发展的评价研究、对区域资源配置相对有效性的研究、对商业银行效率及竞争力的研究、对高等教育办学效率的评价。新的概念界定下的营运资金，是指企业运营活动中所涉及的所有资金。衡量一个企业营运资金管理的绩效，在某种程度上就是衡量企业营业活动的运转绩效，也就是所谓的运营绩效。所以，将数据包络分析法应用于新界定下的营运资金管理绩效的衡量中，并对投入指标和产出指标作相应的调整和倾斜，是准确和合适的。

（二）营运资金投入变数的选择

以数据包络分析法评估相对效率是建立在各受评决策单元的投入产出资料上的。

对于营运资金投入指标的选择有很多，并非所有与营运资金效率投入项相关的指标都适用。由于数据包络分析法赋予了各单位选择权数的弹性，因此若变数过多则会影响其区别能力。一个单位如果在某个比率上表现优异，可将全部的权数分配其上，成为有效率的单位，但将失去区别的意义与价值。这样的单一比率数目为投入和产出变数个数的乘积，因此一般认为这项乘积可视为所必需的决策单元的最小数目参考值。若选择了不适当的投入产出项，则必然会扭曲效率评估的结果。对于判断筛选程序，一般有这样的要求：所有变量必须与决策单元有关，变量应与想要达成的目标有关，变量数据应具有可信度，尽可能地将完全替代因素合并，尽可能使异类因素之间无替代存在。

数据包络分析法对于投入与产出项目的选取十分敏感，若选择的项目不同，则会产生截然不同的结果。因此，产出项必须能够代表营运资金管理的成果，投入项必须是对企业营运资金效率有具体贡献的投入。营运资金投入变数的选取便是指在以上原则之上，从不同角度选择与营运资金相关的投入变数。

①营业活动现金流出。营业活动现金流出包括企业经营活动和投资活动所产生的现金和现金等价物的流出。营业活动现金流出代表当期企业因营业活动而产生的现金付出。

②总资产。总资产是指因企业过去的交易或者事项形成的、由企业拥有或者控制的、预期会给企业带来经济利益的资源。总资产作为营运资金的主要部分，能够部分代表营运资金的投入。

③销货成本。销货成本即营业成本，反映经营活动营运资金投入的变数。

④净营运资金。净营运资金＝总资产－营业性负债，代表着营运资金投入的净额。

（三）营运资金产出变数的选择

营运资金产出变数的指标衡量从两个方面考虑，即周转性和盈利性。

1.营运资金周转性评价指标

营运资金可分为经营活动营运资金和投资活动营运资金两部分，而经营活动营运资金按照其与供应链或渠道的关系又可分为营销渠道营运资金、生产渠道营运资金和采购渠道营运资金。因此，评价营运资金周转性应该在侧重于评价经营活动营运资金周转期的基础上落实到评价各渠道营运资金的周转速度。

资产营运能力的强弱取决于资产的周转速度。一般来说，资产周转速度越快，资产的利用效率就越高，资产的营运能力也就越强；反之，营运能力就越弱。鉴于指标选取应避免过大的相关性，又要照顾到所衡量的周转性指标的全面性，人们选择如下营运资金周转性指标来衡量营运资金产出的指标：

（1）流动比率

流动比率表示企业每一元流动负债有多少流动资产作为偿还的保证，反映企业用在一年内变现的流动资产偿还流动负债的能力。其计算公式如下：

流动比率＝流动资产/流动负债。

（2）营运资金周转率

营运资金周转率表示营运资金周转速度的总体指标。其计算公式如下：

营运资金周转率＝（全年销售收入＋投资收益）/营运资金总额。

（3）存货周转率

存货周转率是企业在一定时期内的营业收入与平均存货余额的比率，是反映企业流动资产流动性的一个指标，也是衡量企业生产经营各环节中存货营运效率的一个综合性指标。其计算公式如下：

存货周转率＝营业收入/存货。

（4）应收账款周转率

应收账款周转率是企业在一定时期内营业收入与平均应收账款余额的比率，是反映应收账款周转速度的指标。其计算公式如下：

应收账款周转率＝营业收入/（应收账款＋应收票据）。

（5）固定资产周转率

固定资产周转率是企业在一定时期内的营业收入与平均固定资产净值的比率。其计算公式如下：

固定资产周转率＝营业收入/固定资产。

2.营运资金盈利性评价指标（占用和产生）

营运资金周转的快慢，直接影响企业的营业收入和息税前利润。营运资金成本的高低，直接影响企业的净利润。

（1）营业毛利率

营业毛利率是指企业在一定时期的毛利与营业收入的比率，其计算公式如下：

营业毛利率＝（营业收入－营业成本）/营业收入。

（2）总资产报酬率

总资产报酬率全面反映了企业全部资产的获利水平，企业所有者和债权人对该指标都非常关心。一般情况下，该指标越高，企业的资产利用效益就越好，整个企业盈利能力就越强，经营管理水平也就越高。企业还可以将该指标与市场资本利用率进行比较，如果前者较后者大，则说明企业可以充分利用财务杠杆，适当负债经营，以获得更多的收益。其计算公式如下：

总资产报酬率＝息税前利润/平均总资产。

（3）股东权益报酬率

股东权益报酬率的计算公式如下：

股东权益报酬率＝净利润/平均股东权益。

（四）用数据包络分析法衡量营运资金管理效率——SBM 模型

传统的 CCR 模型（规模报酬不变）及 BCC 模型（规模报酬递减）衡量的是射线效率，这两种模型假设投入或产出可以等比率调整（缩减或扩增），然而，这项假设在某些情况下并不适用。例如，劳动力与资本这两项投入之间可能存在替代效果，想要等比率缩减劳动力与资本的投入量，显然是不符合事实的。因此，日本学者刀根薰于 1997 年提出了 SBM 模型，这是以差额变数为衡量基础的模型，除修正了 CCR 模型及 BCC 模型射线效率衡量的缺失外，还可改正加法模型缺乏单位不变性的缺点。单位不变性又称"单位面向不设限性"，即受评决策单元的效率值不会因投入项及产出项的衡量单位改变而改变。换言之，使用千米为距离的衡量单位，或以万元或百元为金钱的衡量单位，所得出的效率值会一致。SBM 模型使用一个单一数值来呈现效率，除单位不变性外，还具有同向性，即投入过剩或产出短缺之差额呈现同向递减的特性，也就是说，投入或产出差额会逐渐减少。

第四节 营运资金管理方法创新

一、企业战略：营运资金管理方法创新的导向

只有把握好影响营运资金管理绩效的相应因素，才能找到营运资金管理方法创新的突破口，从根本上提高营运资金管理效率。新视角下，营运资金管理研究在引起广泛关注的同时，还应当理顺企业战略、业务流程再造与营运资金管理绩效的关系，强调从战略、商业模式和流程创新等方面推进营运资金管理方法创新，这也是营运资金管理方法创新的总体导向。

关于企业战略的研究始于 20 世纪 30 年代。1938 年，"战略"一词首次出现在美国经济学家巴纳德所著的《经营者的职能》一书中。巴纳德认为，管理工作的重点在于创造组织的效率，并使企业组织与环境相适应，这为现代企业战略分析方法打下了基础。在此之后，一系列关于企业战略的研究成果开始出现，其中比较有代表性的包括安德鲁斯在 1965 年建立的著名的 SWOT 分析模型，迈克尔·波特在 20 世纪 80 年代提出的成本领先战略、聚集战略和差异化战略，以及迈克基和普鲁塞在 1993 年提出的基于信息资源整合的信息管理战略。

战略问题是市场经济条件下任何一个企业都不容回避的话题。在客观分析内外部环境和自身竞争优劣势的前提下，为企业在市场上寻找一个合理的目标定位，并制定战略规划和行动部署以实现该目标，这是战略管理的核心。而市场地位的确立与巩固，则来源于相对竞争优势的培育和保持。因此，对战略重点的关注和核心竞争力的培养是任何一个具有发展眼光的企业在日常经营过程中必须考虑的头等大事，企业的任何经营行为和过程都必须服从和服务于这个工作重心。作为企业管理系统的一个子系统，营运资金

管理方法体系在构建过程中也必须关注战略重点和竞争优势的形成与保持问题。

营运资金管理作为企业财务管理的一部分，与企业战略存在密切关系：一方面，企业战略会指导营运资金管理，对营运资金管理提出更高的要求，并有助于营运资金管理绩效的提升；另一方面，营运资金管理需要落实企业战略，营运资金管理绩效的提升也会促进企业战略的实施。

每一个新的战略的推出都需要大量资金的投入，这首先需要企业从内部提供资金支持，因此对提升营运资金管理绩效、产生正现金流提出了更高的要求。同时，企业战略的不断实现也会推进营运资金管理绩效的不断提升。以海尔为例，海尔澳大利亚分公司为了降低融资成本、实现正现金流，通过海尔品牌的树立（海尔要树立的是品牌，因此通过差异化的产品来实现品牌的树立。海尔根据澳大利亚水资源缺乏的特点开发了阳光丽人滚筒洗衣机，成为第一家获澳大利亚政府节水津贴的中国品牌），吸引了银行的眼球，促使中国银行澳大利亚分行从战略合作角度为海尔提供了开证成本最低、保证金比例最少、开证手续最便捷的开证授信额度，改善了海尔的营运资金状况，为其实现盈利和正现金流提供了有力的支持。同时，战略目标的实现促进了海尔规模的不断扩大、行业地位的不断提升，使其在整个供应链中的话语权不断加强，这对供应商管理库存、寄售制采购等模式的运用起到了至关重要的作用。

对于一个不断发展的企业而言，营运资金管理绩效的提升必定会促进其战略目标的实现。例如，海尔在全球化战略阶段，需要到全球去布局、去为品牌打广告，这就需要资金，尤其是流动资金。所以在风险一定、利润最大化的条件下，尽可能地提升营运资金管理的绩效，加速现金的回流，对企业实施全球化战略具有非常重要的意义。而且营运资金管理绩效的提升可以美化企业的财务报表，有助于提升企业的信用评级标准，降低融资成本，进一步促进企业战略目标的实现。

企业战略目标是企业在各个时期经营活动的总奋斗方向，企业战略目标决定了企业营运资金管理的目标，而且企业战略目标的实现有助于提升营运资金管理绩效，所以营运资金管理必须服从于企业战略目标，并为企业战略目标的实现服务。企业战略目标是营运资金管理方法创新的导向。

二、业务流程再造：营运资金管理方法创新的前提

近年来，随着理论界和实务界广泛从"供应链"的视角来研究和管理企业运营，人们开始关注运营活动中所需要的营运资金与企业供应链间的内在一致性，对营运资金管理方法的创新开始转向对供应链的优化。

供应链的管理是围绕产品流、信息流和资金流来完成的。进行产品流研究的学者与进行实物流研究的学者的研究方向相似，考虑的是如何最经济、最有效地将产品从供应链的起点交付给最终用户。专注于信息流研究的学者更多地主张供应链管理的核心是用IT系统将供应链上的企业进行无缝整合，并在整个供应链上实施信息共享。研究方法多以概念研究、数学模型和问卷调查为主，目的是证明信息共享可以改善供应链绩效。从事资金流研究的学者主要研究的是在整个供应链上如何提高库存周转率和资金利用率，定量分析是较常用的研究方法。从另一个角度来说，供应链管理的目的是使得一个企业的产品流、信息流和资金流能够协调发展。供应链管理覆盖了从供应商到客户、从生产领域到流通领域的业务过程，有效的供应链管理要求构成供应链的各个企业之间能够实现信息的无缝连接，将过去分离的业务过程集成起来，建立一种跨企业的合作关系。企业实行供应链管理的重要一步是进行业务流程管理，这为营运资金管理提供了良好的基础，因为企业如果不对业务流程进行有效的优化，大量的资金就会被困在企业的营运资金链中难以释放，从而增加了企业对营运资金的需求。脱离了实物流、工作流和信息流，资金无法有效流转。与其说供应链管理是营运资金管理的崭新视角，不如说供应链管理与营运资金管理水乳交融，供应链管理融入营运资金管理的每一个环节或者流程。营运资金管理离不开供应链管理，供应链管理影响着营运资金管理。

在相当长的时间内，理论界和实务界仅关注供应链对存货和其他影响企业满足顾客服务需求的关键性的经营参数及经营能力的影响，并不关注其对企业整体营运资金管理的影响。最早将供应链管理与整体营运资金管理结合的是安德鲁·阿加佩等。他们在分析建筑商在建筑行业供应链中的作用时，认为建筑商最为重要的作用在于能够为整个行业提供营运资金的支持。他们认为建筑公司之所以应该同建筑商建立良好的合作关系，是因为建筑商从建筑材料的购买、运输到产品的销售整个过程都发挥了不可比拟的作用，是连接整个供应链的关键环节，经常被比喻成小建筑公司的银行，为小建筑公司乃至整个供应链提供了关键的营运资金资源。此外，建筑商对营运资金的这一重要作用也

促进了产品成本的降低。彼得以钢铁行业为例对供应链的国际物流系统进行了研究，该研究表明，供应链各因素间的优化平衡可以提高营运资金的利用效果。瓦德瓦对供应链上的横向合作方式对营运资金的影响进行了详细的研究，研究结果表明，横向合作可以使制造商和零售商都获得节约营运资金的好处，而该营运资金的节约是由供应链条件下持有存货成本的降低及订货期的缩短导致的。

以上从供应链角度对营运资金所进行的研究既不系统，也不深入，大多仅是对实践方法的描述，极少数有详细分析的文献依然是从存货成本降低的角度得出供应链管理可以提高营运资金管理绩效的结论的，没有真正涉及营运资金的大部分项目。直到2006年春季，美国"次贷危机"出现，银行财务状况受到了较大的影响，贷款市场变得更加谨慎，部分银行将目标瞄准供应链，而此时企业融资渠道受限，开始寻求供应链融资途径。于是，企业界、金融界掀起了"供应链融资"大讨论，很多杂志甚至开辟了供应链融资讨论专栏，聘请财务经理，供应链研究专家等人才共同探讨在市场流动性不足的情况下，企业应用供应链融资创造营运资金的必要性、主要做法及供应链融资对企业产生的影响。此时，人们的目光才开始从供应链管理的角度关注应收账款、应付账款及现金流的解决方案。彼得定性地分析了供应链融资对供应链企业产生的影响，并重点从现金成本、应收账款、应付账款及存货购买价格等方面分析了供应链融资对企业营运资金产生的影响。分析结果表明，供应链融资可以通过降低应收账款周转天数减小应收账款的风险，通过低成本的融资来美化财务报表，更有利于企业控制现金流，提升营运资金管理绩效。供应链管理对营运资金绩效的影响逐渐得到理论验证，并受到人们的关注。

进一步来说，企业的一切经营活动都是围绕"业务流程"展开的。"流程"是指一组共同为顾客创造价值且相互关联的活动。哈佛商学院的迈克尔·波特教授将企业的流程描绘为一个价值链，他认为竞争不是发生在企业与企业之间，而是发生在企业各自的价值链之间。只有对价值链的各个环节实现有效管理的企业，才有可能真正获得市场上的竞争优势。业务流程管理是对供应链上的每一个业务环节进行的管理，不仅包括企业内部的流程管理，还包括企业外部的流程管理。企业要通过业务流程管理，从战略的高度对供应链的每一个环节进行规划、追踪和反馈，及时掌握内外部供应链和市场的变化，提高资金使用效率和资金流的净流入，从而大大提高了营运资金的管理效率。营运资金和业务流程的描述对象都是企业的经营过程，是一个事物的不同视角和不同方面。营运资金从资金占用的角度入手，是企业各种活动支持现实价值目标过程的表示；而业务流程从客观的角度真实地反映了企业实际的运行过程。因此，营运资金和业务流程有着天然的联系，而且业务流程设计的合理性和业务流程管理水平从根本上影响了企业营运资金管理的水平，两者的结合具有必然性。从业务流程角度研究营运资金，能使企业站在更高的层次，从更广阔的视角去观察和理解各业务流程中营运资金的占用情况。

业务流程是一个从投入到产出的价值增值过程，根据业务流程的不同特征，业务流程的产出是向企业外部或下一流程提供产品或服务等，它的投入是为其产出所必需的流程耗用的资源或作业，既可以是从上一流程获得的产品或服务等，也可以是来自企业外的资源。根据营运资金按渠道分类的思想，企业的营业活动由经营活动和投资活动两部分组成，企业的经营活动由采购流程、生产流程、营销流程三个核心流程组成。将财务管理流程、服务管理流程等支持流程分别归集到采购流程、生产流程、营销流程、投资流程这些核心流程当中。每个核心流程都由一系列有序的小的业务流程构成。营运资金从企业经营活动的起点，即采购流程投入，经过生产流程，在营销流程收回，其占用和周转伴随着业务流程运作的全过程。

业务流程管理影响营运资金管理是各渠道综合作用的结果。单个渠道不仅影响本渠道营运资金的周转绩效，还会影响其他渠道营运资金的占用和周转。因此，企业绝不应该孤立地看待各个业务流程，而应该进一步对以业务流程为载体的信息流、资金流进行有效整合，从而保证资金周转顺畅，提高营运资金周转效率。

企业若要将理念形态落实到操作实务上，就必须开展商业模式及业务流程的创新。业务流程的创新是面向供应链的营运资金管理的活动。为保障供应链环境下的营运资金管理方法的创新，企业还要以先进的信息技术作为支撑，面向内部供应链，建立企业管理信息系统。通过互联网或电子数据交换系统将企业无缝连接，使企业的财务同企业的产、供、销各环节业务完全集成与互动，在一定程度上，可以让企业从整体上把握营运资金的流转，并提高营运资金管理效率。保证供应链运行信息及时共享、准确传达、稳定协调，有利于企业充分利用内外部供应链的资源共享和优化提高整个供应链的营运资金管理绩效。

企业应结合自身的战略等其他因素，有选择性地对供应商或者客户进行有效的整合（这需要通过供应商管理流程、客户关系管理流程以及他们内部的一些作业来实现），以使企业从持续改进的业务流程中获得营运资金的高效运转。营运资金管理离不开业务流程的管理，业务流程的管理影响着营运资金管理的绩效，营运资金管理绩效取决于业务流程的管理水平。因此，业务流程创新是企业营运资金管理方法创新的前提。

三、利益相关者关系：营运资金管理方法创新的新视角

传统企业以股东财富最大化为目标，与之相对的企业财务和资金管理的目标是增收节支，但这种增收节支甚至以损害利益相关者的利益为代价。显然，这样的财务精神难以实现企业的可持续发展。从利益相关者企业管理理论来看，内部利益相关者共同利益的最大化不能依靠外部利益相关者利益的最小化去实现，而是通过企业与外部利益相关者之间的合作共赢去实现。与利益相关者合作共赢的新财务精神不仅可以在资金筹措方面充分发挥外部利益相关者的作用，积极拓展企业的融资渠道，而且可以在资金运用方面打破企业的界限，优化企业的资金配置，提高资金运用效率。因此，良好的利益相关者关系会在降低企业营业活动资金需求的同时，大大提高企业筹措资金的能力，从而使企业财务和资金管理步入良性循环。打破财务与业务之间和部门、企业之间的界线，以及跨越企业边界与利益相关者开展合作和协同创新，将会成为企业财务和资金管理的必然选择。

现代企业管理实践中的许多做法都已充分体现出这种新财务精神的魅力所在。例如，传统的资金管理认为存货储备是必不可少的，存货管理只能通过经济订货量模型和再订货点模型去控制存货上的资金占用，无法实现零存货。但是，现在很多企业通过与供应商的战略性合作轻而易举地实现了零存货，根本不需要计算经济订货批量，也不必再去核定再订货点，所有问题都由供应商管理库存模式解决了。通过这种管理模式的变革及跨越企业边界与供应商的合作，存货管理的问题就迎刃而解了。

随着经济全球化的深入，整合优化产业链已成为各国企业的普遍选择。企业财务和资金管理不仅要思考如何满足企业优化整合产业链的资金需求，还要深入思考如何通过产业链的优化整合解决企业财务和资金管理的难题。在信息技术和网络经济高度发达的今天，与利益相关者合作共赢的新财务精神的实现途径就是促进企业与利益相关者之间的信息共享和资源共享。与供应商、客户等利益相关者之间的信息共享可以降低需求的不确定性，从而减少过早、过多的资金占用，减少业务流程各环节之间不必要的等待时间，并实现业务流程的并行化运作，从而加快资金周转；与利益相关者之间的资源共享不仅可以降低企业的资金需求，而且可以拓展企业的融资渠道，提高企业的信用水平，从而增强企业的资金筹措能力。因此，与利益相关者合作共赢的新财务精神将会对企业财务和资金管理产生革命性的影响。

从利益相关者的视角来看资金管理，资金管理策略可以分为基于内部利益相关者的资金管理策略（或称"内源式策略"）和基于外部利益相关者的资金管理策略（或称"外延式策略"）。每一种策略均可再分为资金运用策略、资金筹措策略、资金运用与资金筹措并举策略。

四、营运资金管理控制系统：营运资金管理方法创新的保障

一个完整的营运资金管理控制体系由预算管理体系、业绩评价体系、内部报告体系及相应的激励机制构成。营运资金预算控制体系、营运资金流量报告与营运资金绩效评价体系应当有机衔接、相互协调，共同构成营运资金管理控制体系。

营运资金业绩评价体系的目标和重点既是营运资金预算管理体系的目标导向和重点，也是实现企业战略和日常业务运营有机衔接的关键所在。营运资金预算管理体系及内部报告体系的设计，应与企业的营运资金业绩评价体系有机衔接，从而实现与企业战略的对接。因此，预算管理体系的改革完善与业绩评价体系、内部报告体系的改革完善应当同步进行。

营运资金管理应当在完整控制体系的基础上，注重营运资金管理的整体规划与控制。营运资金管理的整体规划与控制是指在营运资金筹资与营运资金用资相对应的基本视角下，建立营运资金规划模式，在营运资金管理目标的要求下，对资金需求问题、资金来源问题、资金流向问题做全盘性的评估与衡量，以期获得营运资金的最佳规划。

（一）风险与报酬权衡下营运资金生产经营水平和投资水平的规划

决定营运资金经营与投资水平规划的重点在于根据企业自身所处行业和宏观经济情况变化，把为企业创造价值作为主要目的，正确划分和融通经营活动营运资金和投资活动营运资金。

经营活动营运资金和投资活动营运资金是相互影响的，共同决定企业营运资金管理的水平。过多的营运资金运用起来固然方便，但也增加了财务负担，从而影响企业获利能力。过多的营运资金一方面会导致企业资金运用难尽其利：营运资金过多，容易导致资本成本过高，并造成呆滞现象，降低利润，影响投资者的意愿；另一方面容易造成不必要的扩充或不当的投机：很多企业负责人通常认为营运资金呆滞不用非常可惜，所以

产生了投资生利的意图，但通常都是盲目投资和不当投机，容易造成损失，对企业不利。营运资金过少，虽然可以节省成本，但可能导致资金周转困难。营运资金过少造成的损失有两方面：一方面，业务不能有效进行，企业只能为筹措资金而奔波，导致原材料不足、生产进度受阻、无法大量采购取得折扣利益等；另一方面，企业信用难以维持，企业生产容易受经济变化的影响，即经济景气时，碍于资金限制，不能因时乘势，而经济萧条时，销售减少，账款难以回收，外债无法清偿，容易陷入困境。

（二）风险与报酬权衡下的营运资金来源规划

从筹集来源方面看，企业资本可分为两种，即自有资本和借入资本。由于不同的资金来源会为企业带来不同的利与弊，所以筹集资金时，企业应该按照企业资本的需求内容来选择自有资本或者借入资本，从而作出慎重判断。本研究使用了两个营运资金规划的基本技术，即基于业务流程的预算和营运资金流量报告。在进行营运资金规划的第一阶段，企业应将各个营运资金项目视为变数，以充分反映营业活动的营运资金需求为衡量要素，同时提供基本的界限，借助预算编制过程，对各阶段各项目变数作适度规划，并以现金预算反映企业为配合未来某段时间营业活动所需资金的情况。在进行营运资金规划的第二阶段，企业要根据预算预估的资金需求时间及金额，在符合企业多元化目标要求的情况下，编制营运资金流量报告，评估营运资金运转情况。

第五节 基于利益相关者关系的资金管理策略

一、基于内部利益相关者的资金管理策略

（一）基于内部利益相关者的资金运用策略

基于内部利益相关者的资金运用策略，主要是指在不显著改变企业的筹资规模和结构的前提下，通过资本运作、资产重组（资产置换）、资本投向和经营范围调整、经营

方式（租赁、外包、补偿贸易等）和商业模式变革、管理体制创新（资金集中管理与现金池）等战略性举措来优化资金配置结构（包括经营活动资金运用与投资活动资金运用的比例，以及它们各自内部组成部分的比例），提高资金运用效率。这些举措通常都属于具有战略意义的重大决策，必须取得内部利益相关者（所有者）的批准才可实施。因此，这类资金管理策略的设计必须以内部利益相关者满意为前提。

1.加强资本运作

资本运作是指利用资本市场，通过买卖企业和资产而获利的运营活动，它分为资本扩张与资本收缩两种模式。买卖企业意味着重新组建企业，即由并购企业的所有者与被并购企业的所有者进行集体选择，以重新确定企业契约的内部利益相关者。并购或重建企业契约的目的已不单纯是传统的横向并购和纵向供应链的整合，以吸收新型资本和经营战略调整为目的的资本运作越来越普遍，这将战略性地决定企业的资金投向和资金运用结构，并对企业资金管理产生深远的影响。

2.经营方式和商业模式转型

随着信息技术和市场经济的飞速发展，战略投资者开始选择新型的经营方式和商业模式，这也是影响企业资金管理的重要因素。例如，外包是为维持企业核心竞争能力而将非核心业务委派给企业外的专业公司运作，以降低企业运营成本的经营方式。通过外包，企业能以较少的运营资金发挥较高的创值能力，以获得最大的资金运作价值。例如，国美、苏宁等企业通过建立网上商城，以辐射面更广的虚拟网络代替部分实体商场，甚至大批中小型企业直接将其实体店转型为网店，该商业模式转型大大节省了企业运营所需的资本投入和存货、人员工资等流动资金。

3.资金管理体制调整

股东与经营者之间在投融资决策权的分配上是相对集权还是相对分权，将影响企业的资金管理体制，以及企业资金管理的效率。在企业集团中，资金集中管理虽然有助于整个企业集团的战略运营，但也可能对各子公司的运营产生冲击；而当股东赋予经营者较大的经营、投资决策权时，经营者应对市场变化的灵敏性和及时性将大大提高。因此，企业应与时俱进，根据经营环境的变化适时调整资金管理体制。

（二）基于内部利益相关者的资金筹措策略

基于内部利益相关者的资金筹措策略主要是指在不显著改变企业的资金运用规模

和结构的前提下，通过扩充内部利益相关者的资本投入，引入战略投资者、内部利益相关者为企业增信（如股东为企业融资提供担保、股权质押等）等举措，优化企业资金筹措结构，提高企业资金筹措的质量（权益资金对营业活动资金需求保障的持久性和稳定性优于债务资金）。

1.丰富和扩充权益资本的来源

过去人们对资本的理解仅限于物质资本和财务资本。党的十八届三中全会提出的"要紧紧围绕使市场在资源配置中起决定性作用深化经济体制改革"和"让一切劳动、知识、技术、管理和资本的活力竞相迸发，让一切创造社会财富的源泉充分涌流"的要求，为企业创新权益资本的筹措途径指明了方向。企业的本质是利益相关者的集体选择，除了物质资本和财务资本以外，企业应创造条件让拥有技术资本、智力资本、社会资本的所有者加入企业契约的集体选择之中，成为企业的所有者，从而让其他形态的资本也可以成为企业的权益资本，从而丰富和扩充权益资本的来源，为企业的发展壮大提供源源不断的资本支持。

2.积极引入战略投资者

战略投资者是指持股量大且稳定，在技术、管理、客户、供应商等资源上能给被投资公司带来直接帮助的境内外大企业、大集团。上市公司可通过定向增发引入战略投资者，而非上市公司可通过集体选择引入战略投资者。积极引入战略投资者不仅可以增加企业的权益资本，而且其影响力和公信力会带动其他投资者对企业进行资本投入，帮助企业追求长期战略地位，促进企业产业结构升级，增强企业的长远发展能力。

（三）基于内部利益相关者的资金运用与资金筹措并举策略

基于内部利益相关者的资金运用与资金筹措并举策略，同时涉及企业的资金运用和资金筹措的规模及结构的显著性改变。例如，内部利益相关者通过增加投入支持企业的重大战略性调整，内部利益相关者将优质资产或战略性新兴业务注入企业及企业利用技术、品牌、渠道等优势与内部利益相关者再合资设立新企业等。这类资金管理策略的设计更需要以内部利益相关者满意为前提。

二、基于外部利益相关者的资金管理策略

（一）基于外部利益相关者的资金运用策略

基于外部利益相关者的资金运用策略主要是指在不显著改变企业的筹资规模和结构的前提下，通过与外部利益相关者的资源共享、信息共享等措施来优化资金配置结构（包括经营活动资金运用与投资活动资金运用的比例及它们各自内部组成部分的比例），提高资金整体运用效率。例如，通过供应商管理库存降低存货占用水平，通过业务外包或合作经营等方式优化资金配置结构，通过与银行合作开发现金池与票据池或企业网银等降低闲置资金的规模，通过特许经营、专卖店等与客户合作的方式降低企业营销活动中的资金占用，提高资金的运用效率。这些资金管理举措只有让参与合作的外部利益相关者满意才具有可持续性。以银行为例，银企合作的资金运用策略有以下几个方面：

1.现金池与票据池

现金池与票据池是银行为协助企业有效运用资金与企业共同采取的管理策略。现金池可实现不同法人实体账户间的资金转移。银行每天通过定时将子公司资金上划现金池账户实现集团的收款；子公司付款时以一定额度为限进行透支，银行每日结账时将现金池账户资金划拨到子公司账户以补足透支金额。企业通过现金池既能汇总集团的资金以提高管理效率，又能加强对子公司的资金管控。票据池是指企业直接将所有票据业务交由银行管理，一方面能极大地降低大型集团客户的票据业务工作量，以提高票据管理效率；另一方面银行可根据质押票据等情况授予企业融资额度或办理相关融资、融信业务，使得非现金的应收票据具备了贴现等能力，给企业供血，在保持较少现金持有量的同时降低其流动性风险。

2.网上银行

目前，网上银行能为中小企业、集团企业、行政事业单位等主体提供账户管理、收付款业务、集团理财、贷款等多种服务。通过网上银行，企业可以有效开展多种业务。网上银行已成为电子商务的有力支撑，京东、阿里巴巴、苏宁等企业的网上商城都依赖网银完成收款业务，并借助网银拓展了新的业务范围。

（二）基于外部利益相关者的资金筹措策略

除向银行、债券持有人等举借的金融性债务外，企业全部的债务资金还包括在营业活动中形成的对供应商、顾客、经营者、员工、政府等外部利益相关者的营业性债务。但是，以往人们对资金筹措的认识一般仅限于权益资金的筹措和金融性债务资金的筹措，很少包括营业性债务资金。在与利益相关者合作共赢的新财务理念的指引下，营业性债务资金的有效利用将成为企业重点研究的新领域。

基于外部利益相关者的资金筹措策略，是指在不显著改变企业的资金运用规模和结构的前提下，通过与外部利益相关者的资源共享、信息共享等改变资金筹措结构，充分发挥营业性债务的业务融资功能，降低有息债务资金的比重。例如，充分利用供应商的商业信用增大应付款项、应付票据融资力度，充分利用客户的预收款，充分发挥客户应收票据质押的融资功能，以及充分利用政府的支持政策争取政府的资金支持等。这些资金管理举措也只有让参与合作的外部利益相关者满意才具有可持续性。

以银行等外部利益相关者为例，企业的债务资本具有杠杆作用，即以较低的利息支付成本换取较高的利润。有较高价值创造能力的企业多愿意采用债务资本筹资。债权人提供了企业发展所需的债务资金，通过还本付息的交易契约成为外部利益相关者。债权人接受较低的利息收入是以按债务契约的约定按时还本付息为条件的，借款企业必须获得债权人对还本付息约定的充分信任才能得到贷款，该信任取决于企业自身的信用、抵押品、担保等，而这些条件的缺乏也正是急需银行贷款的中小企业不能获得贷款的根本原因。因此，企业应设法增加银行对自己的信任，以获得银行增贷、增信。同时，企业应与债权人（主要是银行）合作，以设计出提高资金管理效率的新方案，具体策略如下：

1.对下游经销商的保兑仓金融

对下游经销商的保兑仓金融方式实质是指借助供应链上核心企业的信用来增强中小企业的信用。它以生产厂商为核心企业，基于实际供销关系，由经销商向商业银行申请融资并获得授信，银行提前预付账款给核心厂商，经销商将核心厂商出具的提货单质押给银行，有了销售收入后以分次向银行还款的方式分次从厂商处提货，进而完成交易和还款。经销商直接凭借销售收入从银行换取提货单并向厂商提货，不需要储存货品，节省了存货资金占用；而核心厂商在预收了经销商的购货保证金后也可放心地按经销商的订单生产，减少了产品数量，降低了营运资金占用。

2.存货质押、回购担保融资和应收账款质押融资

在存货质押中，物流企业受银行委托对货物进行有效监管，使质押存货的实际控制权转移至银行。借款企业一方面盘活了在途存货资金，以更高的存货周转率来弥补存货质押所损失的利息；另一方面促进了与银行和物流企业的深度合作。在大型设备行业应用较多的回购担保融资也是一种吸引银行增贷、增信的策略。回购担保融资由银行、卖方和买方三方签订合作协议以便为买方融资，也可以理解为卖方有条件的担保行为。这样既有助于买方用较少资金采购大宗货物，实现杠杆采购，又有利于促进卖方销售，加速资金回笼。

3.集群融资模式或组团增信模式

集群融资是指一组中小企业（五家以上）通过股权或协议建立集团或联盟，即增信小组。各家提供一定比例的担保基金，同时仅承担相应金额的担保责任，剩余风险则由某担保公司或地方政府承担，由此集群企业可互相帮助以获取银行信贷资金，主要形式有中小企业集合债券、集群担保融资、团体贷款等。这种金融创新将中小企业个体的信用组合成了一个共同的担保体系，从而提升了集群中所有企业的信用能力，通过合力减少了银企间的信息不对称，降低了融资成本。例如，天津市东丽区多家中小企业在区政府协助建设的"投保贷"一体化融资平台的帮助下，通过组团增信，使其中的单个企业迅速获得几百万的银行贷款。

（三）基于外部利益相关者的资金运用与资金筹措并举策略

基于外部利益相关者的资金运用与资金筹措并举策略，同时涉及企业的资金运用和资金筹措的规模及结构的显著性改变。比如，与供应商构筑战略联盟关系，由供应商管理库存并向企业提供商业信用；向银行、债券持有人等举债支持企业的重大战略性调整；利用技术、品牌、渠道等优势与供应商、客户、金融机构等合资设立新企业等。这类资金管理策略的设计更需要以外部利益相关者满意为前提。

三、客户关系视角的资金管理策略与案例

管理学大师彼得·德鲁克曾说过，企业经营的真谛是获得并留住顾客。客户关系不仅影响企业盈利能力的提升，而且直接影响企业资金的管理绩效。客户关系视角的资金

管理是利益相关者视角的资金管理的重要组成部分。

（一）客户关系视角的资金管理策略

近年来，我国制造业企业生产能力不断提高，市场供求状况也发生了很大的变化，大多数产品和服务都由"卖方市场"转向了"买方市场"。在买方市场环境下，企业面临的最大难题就是如何将产品和服务销售出去，企业管理的重点正在经历着从以产品为中心向以客户为中心的转变。下游客户掌握着需求信息和订单等关键性资源，因此在交易关系中处于优势地位，对上游企业的影响力和控制力逐渐提升。企业与下游客户建立良好的合作伙伴关系，不仅可以通过客户信息平台快速掌握市场需求信息，保持稳定的客户群，还可以加速货款回收等，进而对企业资金管理绩效产生重要影响。制定基于客户关系的资金管理策略成为企业战略性提升资金管理绩效的必然选择。

客户关系视角的资金管理的核心思想就是通过客户关系管理尽可能地接近客户、了解客户，与客户建立共同实现价值的目标，促进企业资金管理水平的提高，达到企业与客户"双赢"的结果。客户关系视角的营运资金管理的实现有两个前提条件：其一，解决管理理念问题，即管理层应深刻认识到客户参与企业资金管理的重要性；其二，搭建客户信息平台，为客户参与企业资金管理这一管理模式提供信息技术方面的支持。这两个前提条件缺一不可。其中，管理理念是客户关系视角资金管理模式实施的首要条件，若不重视客户参与的重要性，客户关系视角的资金管理就无从谈起；而客户信息系统是客户关系管理的基础，没有信息技术的支持，企业就无法与客户建立便捷的沟通平台，客户关系视角的资金管理工作的效率与效果难以保证，利益相关者参与企业资金管理的财务管理理念也就无法落实。

根据企业与客户的合作程度不同，企业与客户的主要关系模式可以分为买卖关系、优先供应关系、合作伙伴关系、战略联盟关系四种，其中买卖关系是最基本的客户关系。因此，客户视角的资金管理策略可以分为基于客户关系的资金运用策略、基于客户关系的资金筹措策略及基于客户关系的资金运用与资金筹措并举策略。

1.基于客户关系的资金运用策略

有效客户反应的品类管理模式，是在制造商与零售商建立优先供应关系的前提下，以终端客户的需求为导向，通过信息共享平台，建立完善的品类管理系统，以缩短制造商及零售商的交货周期、降低其库存占用、提高客户满意度，最终提高整个供应链的运作效率的一种商品流通模式。有效客户反应主要通过制造商与下游客户的通力合作，快速且低成本地满足最终端客户的需求，目的是建立一个具有实时反应能力的终端客户驱动系统。品类管理是 ECR 的具体策略之一。在传统的经营模式下，制造商和零售商通常以店铺或品牌为依据制定经营策略，所以在获取产品信息方面存在不可避免的遗漏现象。品类管理打破了传统的制造商和零售商各自为政的单纯供需关系，以实现更高利益层面的"双赢"。在品类管理模式中，零售商通过销售点信息系统可以全面掌握终端客户的需求情况。在制造业企业收集的终端客户对于产品的需求信息的基础上对消费者的品类需求进行综合分析，制造商和零售商可以共同制定产品品类目标，如商品品类组合、存货数量管理、新产品开发及促销活动等。实施品类管理的重点在于建立完善的品类管理信息系统，并建立企业与客户之间的优先供应关系。

对于制造商及零售商而言，借助优先供应关系下有效客户反应的品类管理模式，他们可以更好地进行采购，增加销售量，降低缺货率，减少库存占用，提高存货周转率。从供应链整体来看，制造商和零售商这两个环节的信息畅通，可以显著提升供应链最终端客户的满意度。一方面，订单信息在品类和数量方面都更为准确，且配货及时，缓解了缺货现象，缩短了存货周转期，减少了整个供应链上的存货无效占用；另一方面，制造商、零售商及客户的需求都得到了满足，客户关系变得融洽，降低了坏账损失率，减少了应收账款的资金占用，提高了资金运用能力。

2.基于客户关系的资金筹措策略

合作伙伴关系下的直销模式是指在企业与客户形成长期稳定的合作伙伴关系的前提下，以实现最快满足客户需求为目的，通过简化、消除中间商来减少商品销售环节的销售模式。在传统的非直销模式下，企业为满足下游分销商和零售商的供货需要，要存有较多的库存以备不时之需，导致库存资金无效占用；而直销模式相当于客户直接安排生产活动，既最大限度地满足了客户的个性化需求，又避免了大量库存资金的占用，为客户提供了更有价值、更及时的产品与服务，增加了产品的销量。直销模式带来大量的预收账款，在一定程度上解决了资金的筹集问题。

在合作伙伴关系下的直销模式中，作为企业的外部利益相关者，客户实质上参与了企业产品研发和生产经营的决策。企业和客户之间良好的合作关系有益于解决应收账款拖欠、产品售后服务的问题，而且还可以产生大量的预收款。直销模式的管理要点是与客户建立合作伙伴关系、增强物流配送能力及建立快速的信息反应平台。戴尔一直是合作伙伴关系下直销模式运用的典范，取得了较好的资金管理绩效。

3.基于客户关系的资金运用与资金筹措并举策略

马丁·克里斯托弗曾指出，21世纪的竞争不再是企业和企业之间的竞争，而是供应链和供应链之间的竞争。客户战略联盟关系下的"大企业"模式是指企业与下游客户在近期目标和愿景上达成高度一致，结成正式或非正式的长期联盟关系，通过相互持股或成立新企业的形式，以争取最大的市场份额或利润为目的，同时解决资金运用与资金筹措问题的资金管理模式。客户战略联盟关系下的"大企业"模式是"外部关系内部化"的体现，最大限度地体现了目标的一致性。客户战略联盟关系下的大企业模式可以较好地解决资金的运用与筹措问题，从而达到共赢的目的。

（二）客户关系视角的资金管理案例

海尔一直关注与利益相关者的关系，通过搭建与客户之间的信息共享平台，采用B2C模式、"大客户直销直发"模式、应收账款保理等策略，提升资金管理效率。

1.B2C模式

B2C模式，是指企业直接对接客户的模式。在传统的物流模式下，产品的流动路径是从海尔的生产线到经销商，再由经销商到客户手中；B2C模式下，海尔与经销商实现了信息平台对接，销售终端的客户订单传到海尔后，海尔直接按照订单要求将产品从生产线运送到顾客手中，实现真正的一站式配送。B2C模式的推行得益于海尔与经销商关系的深化。

2."大客户直销直发"模式

针对海外市场，海尔积极推行"大客户直销直发"模式。"大客户直销直发"模式要求企业把客户需求放在第一位，与经销商合作，共同参与市场需求分析和预测。同时，海尔不断进行物流、运营组织体系的改善，以提高客户需求响应速度为直接目的，减少从制造到配送之间的非增值环节，实现了产品下线直运、门到门配送，极大地提高了成品存货的周转效率，降低了库存资金占用。2012年，海尔继续推进以自主经营体为基本创新单元的"大单合一"双赢模式，倡导每个海尔人都以用户为中心，成为自主创新的主体，以适应时代的特点，即需即供，快速响应与满足用户需求，促进企业高效运转。

3.应收账款保理

自海尔步入国际化战略阶段以来，面对的国际客户日渐增多。由于客户多为世界500强企业，在付款环节话语权较强，付款周期较长，因此为确保海外回款安全，海尔利用国际资本市场，针对具体客户的情况，实施了应收账款保理策略，降低了应收账款的坏账风险，加速了资金回收。此外，针对部分海外客户规模小、信用等级较低，国际保险公司拒绝投保的情况，海尔与中国出口信用保险公司共同创新了"海尔＋客户"捆绑投保模式。海尔的客户可在中国出口信用保险公司投保，这使得小客户的应收账款也可以得到国际商业银行的保理，从而加快了海尔海外销售的收款速度，有效地化解了全球化品牌战略进程中可能出现的应收账款风险。

海尔与客户共同搭建的良好的信息沟通平台，有助于形成稳定的合作伙伴关系，通过综合运用有效客户反映的品类管理模式及直销模式，积极开展应收账款保理，较好地实践了基于客户关系的资金筹措与运用策略，提升了资金管理效率。

客户是企业重要的利益相关者，客户关系是影响企业资金管理效率的关键性因素之一，客户参与企业管理能够提高企业资金管理的效率。企业应该与客户建立不同程度的合作关系，合理运用优先供应关系下有效客户反映的品类管理模式、合作伙伴关系下的直销模式、客户战略联盟关系下的"大企业"模式，以达到企业与客户共赢的目的，提高企业资金管理效率。

参 考 文 献

[1]孙莹.营运资金概念重构与管理创新[M].北京：清华大学出版社，2017.12.

[2]万希宁，郭炜.会计信息化[M].武汉：华中科技大学出版社，2009.01.

[3]韩吉茂，王琦，渠万焱.现代财务分析与会计信息化研究[M].长春：吉林人民出版社，2019.06.

[4]毛华扬，傅樵.会计电算化原理与实务 基于用友 T3[M].北京：中国人民大学出版社，2012.01.

[5]毛华扬，陈旭.会计电算化原理与应用[M].北京：清华大学出版社，2009.04.

[6]毛华扬，李帅.会计电算化教程[M].北京：电子工业出版社，2006.01.

[7]王耀忠.会计信息化[M].成都：电子科技大学出版社，2004.11.

[8]万希宁.财务会计信息化实用教程[M].武汉：华中科技大学出版社，2003.02.

[9]张慧德，郭长城.会计电算化[M].北京：科学出版社，2009.09.

[10]陈杰，张凯.会计电算化教程[M].广州：华南理工大学出版社，2006.02.

[11]傅樵，毛华扬.会计信息化原理与实验[M].北京：电子工业出版社，2009.06.

[12]王鹏，刘明霞.会计信息化[M].石家庄：河北科学技术出版社，2018.02.